Yaro Suaka

Liderança Decaída e Violência:

Yaro Suaka

Liderança Decaída e Violência:

Causas e ramificações do conflito político na Costa do Marfim

ScienciaScripts

This book is a translation from the original published under ISBN 978-3-659-83311-3.

Publisher:
Sciencia Scripts
is a trademark of
Dodo Books Indian Ocean Ltd. and OmniScriptum S.R.L publishing group

120 High Road, East Finchley, London, N2 9ED, United Kingdom
Str. Armeneasca 28/1, office 1, Chisinau MD-2012, Republic of Moldova, Europe
Printed at: see last page
ISBN: 978-620-8-32810-8

ÍNDICE DE CONTEÚDOS

RESUMO

O objetivo deste estudo era investigar as causas e as ramificações do conflito político na Costa do Marfim de 2002 a 2009. Foi utilizada uma amostragem intencional para selecionar catorze inquiridos. Foi utilizada uma metodologia qualitativa para o estudo. Os instrumentos de recolha de dados foram perguntas de entrevista semi-estruturadas, questionário semi-estruturado aberto e análise documental. Os dados analisados revelaram que as causas do conflito foram: a competição por recursos escassos, a má governação, o incitamento dos meios de comunicação social, a xenofobia, a luta incessante pelo poder político e a proliferação de armas de fogo ligeiras que entram no país.

Os efeitos registados durante o conflito foram a violação dos direitos humanos, a destruição de bens, incluindo instalações da ONU, e a deslocação de pessoas, tanto a nível interno como externo. Algumas recomendações feitas incluem:

O Governo deve envidar esforços para reforçar as boas relações entre os diferentes grupos étnicos e ajudá-los a adaptarem-se aos novos desafios que se colocam à evolução democrática no país.

O Governo deve organizar uma Comissão de Verdade e Reconciliação ao estilo sul-africano, a fim de rever os horrores do passado para sarar as feridas e evitar a ocorrência futura do conflito.

O Governo deve criar oportunidades de emprego e outras actividades geradoras de rendimentos para os marfinenses, atraindo investidores locais e estrangeiros. Os numerosos rebeldes devem receber formação específica para poderem viver entre as comunidades da Costa do Marfim.

O governo de unidade nacional deve ser encorajado numa situação como esta.

A CEDEAO e a UA devem certificar-se de que, quando o desarmamento é instituído, deve ser feito corretamente. Devem monitorizar sempre o processo e não permitir que as armas entrem novamente no país.

O investigador espera que este estudo contribua para a prevenção de conflitos semelhantes em África no futuro.

AGRADECIMENTOS

Estou grato a Deus Todo-Poderoso por me ter dado o apoio espiritual para concluir com êxito este estudo, apesar de todas as dificuldades, e por me ter elevado a um pedestal mais alto na busca da excelência profissional e académica. Tenho uma grande dívida de gratidão para com a Dr.ª Nana Adu-Pipim Boaduo FRC, sem cujo sentido de orientação, capacidade didática, avaliação e comentários críticos, empenho no trabalho e espírito de proximidade, não teria sido possível concluir este trabalho. Além disso, não posso deixar de mencionar a minha Chefe de Departamento em exercício e co-orientadora, a Sra. G. M. Ashu, que se certificou de que todas as correcções foram rectificadas. Estou-lhe grato e ficarei sempre em dívida para com ela.

Estou igualmente grato ao Dr. David Zounmenou por me ter permitido utilizar o seu gabinete, fornecendo-me material útil e explicando acontecimentos que me foram extremamente úteis para este estudo. Não poderia, de forma alguma, ter sido moralmente justificado se ignorasse os esforços da Irmã Margarida por me ter dado explicações sobre a situação de guerra na Costa do Marfim e a situação difícil em que o país esteve mergulhado durante alguns anos, o que tornou necessário este estudo. Os meus agradecimentos vão também para o Sr. Frederick Ngmenkpieo que dedicou muito do seu tempo a explicar alguns conceitos em termos do problema em estudo.

Finalmente, gostaria de reconhecer e apreciar os grandes esforços dos meus pais, da minha amada esposa Deborah Suaka, do Pastor Jacob Duut, do Pastor Issaku Wunbe, do Sr. Fatawu Kasim e da Sra. N. C. Mkentane pelo seu apoio e encorajamento.

DEDICAÇÃO

Este trabalho é dedicado a

O meu filho Jonathan Yennube Yaro e o meu falecido pai

Jonathan Yaro

Pelas suas orações e apoio, estabeleci uma marca que espero que os actuais e

futuros irmãos da minha família imitem.

ABREVIATURAS

AU	: African Union
DFID	: Department for International Development
DDR	: Disarmament, Demobilisation and Reintegration
FN	: Force Nouvelles
FANCI	: Forces Armées Nationales de la Côte d'Ivoire
ECOMOG	: Economic Community of West African States Monitoring Group
ECOWAS	: Economic Community of West African States
FPI	: Ivorian Popular Front Party
HRW	: Human Right Watch
IDP	: Internal Displaced People
IWG	: International Working Group
IRIN	: Integrated Regional Information Networks
MPCI	: Patriotic Movement of Cote d'Ivoire
MPIGO	: Ivorian Popular Movement for the Great West
MJP	: Movement for Justice and Peace
NGO	: Non Governmental Organisation
OPA	: Ouagadougou peace agreement
PDCI	: Democratic Party of Ivory Coast
RDR	: Rally of Republican
SALW	: small arms and light weapons
UN	: United Nation
UNDP	: United Nations development Programme
UNHCR	: United Nations Humanitarian Commission for Refugees
UNMCI	: United Nations Mission in Cote d'Ivoire

CAPÍTULO 1

INTRODUÇÃO E ANTECEDENTES DO ESTUDO

1.1. INTRODUÇÃO

A Costa do Marfim é o lar de muitos grupos étnicos africanos autóctones que incluem Bete, Lobi, Baoule, Akan, Kru, Voltaic, Mande, Seim e Elim (Langer, 2005). Está situado na costa ocidental de África. Faz fronteira com o Mali a norte, o Gana a leste, a Guiné a oeste e a Libéria a sudoeste (Figura 1: Mapa da Costa do Marfim).

Figura 1: Mapa da Costa do Marfim, a área de estudo (Fonte: url - www.map.com acedido em 24/09/2011).

A instabilidade política na Costa do Marfim começou após a morte de Félix Houphouet Boigny em 1993, o primeiro presidente pós-independência do país (Daniel, 2003). Esta instabilidade política resultou do interesse estrangeiro na posição geográfica do país e nos seus recursos naturais (Daniel, 2003).

1.2. ANTECEDENTES

A Costa do Marfim revelou uma estabilidade política notável após a sua independência de França em 1960 até finais de 1999. A partir de 1999, a corrupção e a má gestão do governo levaram o país a cair na armadilha calculada da ajuda externa (Lansana & Prosper, 2004). O país conheceu o seu primeiro golpe militar em dezembro de 1999, sob a liderança do General Guei (Lansana & Prosper, 2004).

Em 2000, foram realizadas eleições gerais democráticas a nível nacional entre o General Guei, líder militar do PDCI, e o líder do Partido da Frente Popular da Costa do Marfim (FPI), Laurent Gbagbo. Um acontecimento importante que contribuiu para o conflito foi a desqualificação, pelo Supremo Tribunal, dos líderes dos principais partidos concorrentes, nomeadamente o Rally dos Republicanos (RDR), liderado por Alassane Ouattara, e o Partido Democrático da Costa do Marfim (PDCI), liderado por Hennery Konan Bedie. Em resultado desta situação, a afluência às urnas foi extremamente baixa, o que levou os observadores eleitorais internacionais a retirarem-se antes do final do escrutínio. Os primeiros resultados das sondagens revelaram que Gbagbo estava na frente. Este acontecimento levou Guei a retirar-se do processo eleitoral e, consequentemente, utilizou a sua posição de liderança militar para dissolver a Comissão Eleitoral da Costa do Marfim e declarar-se Chefe de Estado (Amnistia Internacional, 2009).

Os apoiantes descontentes de Gbagbo saíram para as ruas de Abidjan e de outras cidades vizinhas. Seguiu-se uma luta sangrenta quando a multidão atacou os guardas que protegiam o palácio presidencial e outras instalações do Estado. A violência tornou-se tão grave que o General Guei foi obrigado a fugir, tendo sido emboscado e morto. À medida que a violência aumentava, muitas pessoas foram mortas, marcando o verdadeiro início do conflito político na Costa do Marfim, que durou quase dez anos. Após um breve abrandamento da violência, Gbagbo declarou-se presidente (Amnistia Internacional, 2009).

Em janeiro de 2001, teve lugar um novo golpe de Estado depois de Gbagbo se ter recusado a entregar a Ouattara a vitória nas eleições democráticas então concluídas. Em consequência, eclodiram conflitos entre os vários líderes rebeldes, invocando as eleições controversas que negaram a vitória a Ouattara, apesar do reconhecimento internacional e da CEDEAO de que Ouattara era o vencedor. O Presidente Gbagbo formou um governo de unidade nacional de facto que incluía o partido RDR, mas que durou pouco tempo. Em setembro de 2002, um confronto grave deu origem a uma guerra em grande escala devido à desqualificação do líder do RDR, Alassane Ouattara, como vencedor das eleições pelo tribunal (Human Right Watch, 2002).

Em suma, as divergências no seio da classe política e o recuo das forças armadas da Costa do Marfim em relação ao seu anterior envolvimento na administração e nas actividades de desenvolvimento do país acabaram por conduzir ao golpe de Estado de 1999 e à crise subsequente após as eleições de 2000. No entanto, a razão da crise efectiva foi a eliminação de Bedie e Ouattara das eleições com base em questões constitucionais e de identidade, cidadania e nacionalidade (Lansana & Prosper, 2004).

A instabilidade na Costa do Marfim está ancorada na controversa questão da nacionalidade, que priva 26% da população da Costa do Marfim, e na presença de líderes da oposição fugitivos da Libéria, que mantiveram uma presença muito visível em Abidjan durante a crise. A causa imediata pode, no entanto, ser atribuída aos planos de desmobilização de cerca de 800 soldados alegadamente leais ao General Guei (Lansana & Prosper, 2004).

1.3. QUADRO TEÓRICO

Num estudo de investigação, é necessário fornecer um quadro teórico que clarifique a teoria em que o estudo se baseia. Introspetivamente, a construção de teorias serve para explicar, prever e dominar fenómenos, que são relações, acontecimentos, comportamentos e desempenhos, que se manifestam para gerar descontentamento que acaba por conduzir a uma espécie de crise.

De facto, as teorias generalizam sobre observações e previsões de questões e eventos que ocorrem em ambientes de habitação humana. Estas generalizações consistem geralmente num conjunto integrado e coerente de ideias e modelos pertinentes para o ambiente em estudo (Boaduo, 2011). Neste caso, é necessário teorizar os problemas que conduziram aos conflitos na Costa do Marfim e as suas ramificações. O quadro teórico é, portanto, a estrutura que pode sustentar ou apoiar o trabalho de investigação. O quadro teórico apresenta a teoria que explica a razão da existência do problema em estudo. Neste estudo, portanto, o quadro teórico é a teoria da "decadência política" de Huntington, de 1965. A teoria afirma que "na ausência de uma liderança estável, geralmente aceite, reconhecida e permanente, é natural que se instale o caos no ambiente e, normalmente, se gerem actividades rebeldes para derrubar a liderança, conduzindo, consequentemente, à desordem na governação" (Huntington, 1965). Isto explica a situação na Costa do Marfim, na medida em que, após a morte do primeiro presidente Felix Houphouet Boigny, a liderança não era permanente e havia muito poder entre os líderes do país. Esta situação instável e a mudança de líderes no país conduziram a uma crise.

1.4. QUADRO CONCEPTUAL

Num estudo de investigação como este, a formulação do quadro teórico é seguida do desenvolvimento do quadro concetual para orientar o estudo em termos da articulação do investigador com o processo de estudo. Literalmente, um conceito é uma imagem ou representação simbólica de uma ideia abstrata (Boaduo, 2011).

No presente estudo, trata-se de investigar as causas e as ramificações do conflito político que envolveu a Costa do Marfim durante mais de dez anos. Isto será considerado e investigado mais aprofundadamente para fornecer a substância principal do estudo que está a ser realizado. De um modo geral, o quadro concetual é uma formulação mental complexa de competências e experiências que o investigador deve dominar para poder articular o estudo de forma eficaz. Em suma, enquanto o quadro teórico é a teoria em que o estudo se baseia, o quadro concetual é a operacionalização da teoria, que orientou a articulação prática do processo de investigação do início ao fim. Por exemplo, neste estudo, a investigação das causas e ramificações do conflito político que envolveu a Costa do Marfim durante mais de dez anos vai ser operacionalizada para se poderem recolher os dados necessários para responder ao problema de investigação. A recolha dos dados primários através do questionário aberto e semi-estruturado, da revisão da literatura e das perguntas da entrevista semi-estruturada como instrumentos permitiu ao investigador identificar as causas e as ramificações do problema em estudo.

Em suma, o quadro concetual para este estudo é a posição do próprio investigador sobre o problema a ser investigado e deu orientação ao estudo. De um modo geral, foi uma adaptação de um modelo existente utilizado noutros estudos, tal como apresentado na revisão da literatura, com modificações para se adequar ao presente estudo. Além disso, através do quadro concetual, o investigador foi capaz de mostrar as relações entre os diferentes constructos que foram investigados para fornecer um tratamento coerente dos desafios identificados a partir dos dados recolhidos para o estudo (Boaduo, 2011).

1.5. DECLARAÇÃO DO PROBLEMA

Este estudo investigou as causas e as ramificações do conflito político que envolveu a Costa do Marfim. Apesar dos esforços concertados das comunidades locais e internacionais, incluindo a União Africana (UA), as organizações regionais, os Estados individuais e os actores locais na Costa do Marfim para resolver o conflito pacificamente, este não desapareceu. Persistiu e causou a divisão do país em dois, com os rebeldes a ficarem com o norte e o Governo com o sul. O conflito levou à destruição das infra-estruturas do país. O crescimento e o desenvolvimento também sofreram uma paragem total. Um país outrora próspero e pacífico transformou-se num campo de batalha, com milhares de refugiados a deslocarem-se para os países africanos vizinhos da região.

1.6. PRINCIPAL QUESTÃO DE INVESTIGAÇÃO

A principal questão de investigação para o estudo foi "Quais foram as causas e as ramificações do conflito político que envolveu a Costa do Marfim durante mais de dez anos? Na tentativa de encontrar respostas para a questão principal de investigação, as seguintes questões subsidiárias foram consideradas para introspeção.

1.7. QUESTÕES SUBSIDIÁRIAS DE INVESTIGAÇÃO

As seguintes questões subsidiárias orientaram a questão principal de investigação para poder responder ao problema principal da investigação.
- Quais foram as principais partes envolvidas no conflito?
- Que papel desempenharam as comunidades locais, regionais e internacionais no conflito?
- Como é que se pode evitar uma eventual recorrência do conflito?

As respostas a estas questões subsidiárias conduziram o estudo a uma conclusão bem sucedida, permitindo ao investigador enumerar as conclusões e fazer as recomendações no capítulo cinco.

1.8. OBJECTIVOS DO ESTUDO

O principal objetivo do estudo consistia em investigar e identificar as causas e as ramificações do conflito, a fim de formular recomendações para lhe pôr termo e evitar a sua eventual recorrência.

1.9. OBJECTIVOS DO ESTUDO

Os principais objectivos do estudo foram os seguintes, invariavelmente alcançados através das revelações dos dados recolhidos para a investigação. Os objectivos eram os seguintes

- Encontrar as causas do conflito na Costa do Marfim?
- Identificar as principais partes envolvidas no conflito?
- Identificar o papel desempenhado pelas comunidades locais, regionais e internacionais no conflito?
- Identificar as consequências económicas, sociais e políticas do conflito para a população da Costa do Marfim?
- Fazer recomendações para impedir uma possível recorrência do conflito.

Estes objectivos orientaram o estudo desde o início até ao fim, tal como foi articulado no presente relatório nos capítulos seguintes.

1.10. JUSTIFICATIVA

Este estudo foi inspirado pela necessidade de dar um contributo para a resolução do conflito na Costa do Marfim. Foi necessário realizar este estudo enquanto estudante de ciências políticas que se especializou em Relações Internacionais como opção electiva para o mestrado. O investigador também considerou que era necessário contribuir para o debate atual sobre o papel da política de identidade, da etnicidade e dos sentimentos tribais na paisagem política africana.

1.11. SIGNIFICADO

As guerras civis afectam um grande número de pessoas em todo o mundo. A história recente da África Ocidental mostra que a Nigéria, o Chade, a Libéria, a Serra Leoa e agora a Costa do Marfim tiveram a sua quota-parte desta situação. A persistência das guerras civis, apesar dos esforços de mediação internacional, sugere que as causas e a dinâmica das guerras civis não são bem compreendidas para que se possa propor uma solução duradoura para lhes pôr termo. Kaldor (2004) atribuiu a eclosão das guerras civis em África à política de identidade e ignorou outros factores igualmente importantes, como as violações dos direitos humanos e a desintegração económica que impede a subsistência das populações. O estudo procurou dar uma visão do conflito político na Costa do Marfim. Revelou as causas e as ramificações articuladas nos capítulos seguintes para introspeção e ação positiva. Além disso, foi intenção do investigador dar um contributo para os debates sobre política de identidade (Kaldor, 2004) e ganância e queixas (Collier, 2004). O maior significado foi a contribuição que o estudo dará para o fornecimento de dados aos estudantes de ciência política, diplomacia, relações internacionais e outras disciplinas relacionadas, para que possam apreciar as causas e ramificações dos conflitos civis na África Subsariana. Além disso, este estudo contribuiu para novos conhecimentos e abordagens para diferentes organizações envolvidas na resolução de conflitos em África.

1.12. DELIMITAÇÕES

Este estudo foi realizado especificamente em alguns marfinenses selecionados no campo de refugiados no Gana, marfinenses em Mthatha, diplomatas na Embaixada da Costa do Marfim em Pretória e no Instituto de Estudos de Segurança, uma vez que o investigador temia pela sua vida. Por este motivo, os inquiridos podem não ser uma representação adequada da população da Costa do Marfim e, por isso, a generalização pode revelar-se frágil.

1.13. LIMITAÇÕES

O investigador reconheceu a ideia de que as zonas de guerra não são seguras para investigadores e jornalistas. Por esta razão, o investigador limitou a recolha de dados aos representantes dos embaixadores da África do Sul e do Gana, por receio de entrar na Costa do Marfim durante o conflito. Além disso, os inquiridos foram os muitos refugiados na África do Sul e no Gana para obterem relatos em primeira mão do que realmente aconteceu durante o conflito. Além disso, os relatórios dos meios de comunicação social foram examinados para clarificar as questões e os acontecimentos, a fim de aumentar o que os refugiados e os representantes oficiais forneceram ao investigador.

1.14. ESBOÇO DOS CAPÍTULOS

Os capítulos do presente relatório de investigação foram esquematizados da seguinte forma. O Capítulo 1 apresenta a introdução, os antecedentes, os quadros teóricos e conceptuais, o enunciado do problema, as questões de investigação principais e subsidiárias, as finalidades e objectivos, a justificação e a importância, as delimitações e limitações e o esboço do capítulo do relatório final do estudo. O Capítulo 2 fez uma revisão da literatura relacionada, de modo a poder identificar o lapso de lacuna que este estudo pretende preencher. O Capítulo 3 apresenta a escolha metodológica, a conceção e a aplicação do estudo. Discutiu, entre outros aspectos, a conceção da investigação, a amostra da população e os procedimentos de amostragem, os instrumentos de recolha de dados, a análise de dados e forneceu uma breve explicação sobre a forma como tudo isto iria ser feito. O capítulo 4 apresenta o tratamento, a análise e a interpretação dos dados recolhidos, com uma breve discussão em termos de comentários do investigador. Por último, o capítulo 5 apresenta a lista de resultados, recomendações e conclusões do estudo.

CAPÍTULO 2

REVISÃO DA LITERATURA

2.1. INTRODUÇÃO

P unch (2000:32) é de opinião que a revisão da literatura num estudo de investigação serve os seguintes objectivos:

- Demonstrar o domínio da literatura revista no domínio de estudo.

- Familiarizar o leitor com os conhecimentos existentes no domínio de estudo.

- Proporcionar uma discussão rigorosa sobre o estudo em relação à literatura atual.

- Desvendar os quadros teóricos e conceptuais para poder colocar o estudo numa perspetiva introspectiva.

Tendo em conta a lista de objectivos de Punch fornecida acima, a literatura analisada foi uma avaliação eficaz e eficiente das fontes empíricas relevantes sobre o tema da investigação, que foi tida em consideração para o fornecimento exato de um relatório de estudo após a conclusão do projeto.

Além disso, Haywood (1982) comentou que as revisões críticas da literatura são mais frequentemente consideráveis e importantes para um estudo de investigação do que as revisões acríticas da literatura, que são descritas como o catálogo de venda de mobiliário em que tudo merece uma entrada de um parágrafo, independentemente da perícia com que foi conduzido.

Randolph (2009), por outro lado, considerou que a revisão da literatura é significativa em termos de relevância. Smit e Jones (1978) apoiam Randolph no facto de a revisão da literatura colocar o estudo no seu caminho para uma conclusão bem sucedida, o que é também reconhecido por Haywood (1982).

Teoricamente, a literatura revista em termos deste estudo foi uma parte essencial do estudo e constituiu parte de todo o projeto em si. Foi uma síntese crítica de investigações anteriores, que foram realizadas e que ajudaram o investigador a validar a necessidade de realizar o estudo, ou seja, a identificação do lapso de lacuna.

Em retrospetiva, a avaliação da literatura revista conduziu logicamente à formulação das questões de investigação, que constituíram as bases para a formulação do questionário e dos calendários de entrevistas que formaram as bases para a instrumentação da recolha dos principais dados primários necessários para completar o estudo. A literatura analisada era apropriada e tinha profundidade e amplitude adequadas, colocando assim o estudo na sua perspetiva, dando uma contribuição gigantesca para a base de dados de conhecimentos em termos de estudos de conflitos.

De acordo com Hart (1998), o objetivo da revisão da literatura é, entre outros, o seguinte

> distinguir o que está a ser feito do que já foi feito em termos de estudo, o que Boaduo (2011) designa por preencher o lapso de lacuna, que o novo estudo se propõe preencher, descobrir variáveis importantes relevantes para o tema e identificar as relações entre ideias e práticas para introspeção.

Tendo em conta o que foi identificado, apresentam-se de seguida várias fontes bibliográficas analisadas como suporte da necessidade da investigação a realizar em termos do estudo proposto.

Além disso, a literatura pertinente e relacionada sobre as razões pelas quais as nações entram em guerra e os factores que desencadeiam a guerra em África foram analisados criticamente numa tentativa de compreender as causas destes conflitos. Os debates que se seguiram foram estabelecidos no contexto da política de identidade, do dualismo, do pluralismo, da cobiça e do ressentimento. Além disso, o estudo teve em conta a necessidade de produzir e interpretar o conhecimento (Agherdien, 2007). Estes forneceram os conhecimentos necessários para compreender e explicar o conflito na Costa do Marfim. As questões que constituíram o núcleo do quadro teórico deste estudo foram a etnia, a religião, a ganância e as queixas. A partir destas perspectivas, as teorias de Kaldor (2001) e Collier (2004) forneceram pistas de que as causas do conflito na Costa do Marfim podiam ser atribuídas ao domínio étnico e religioso, à rivalidade e ao acesso desigual aos recursos naturais e à riqueza do país.

2.2. Literatura sobre os conflitos na Costa do Marfim relevantes para este estudo

As discussões que se seguem baseiam-se na literatura relevante relacionada com o estudo que foi realizado noutros locais. Os subtítulos foram fornecidos para dar orientação em termos de ideias específicas identificadas sobre as causas do conflito na Costa do Marfim.

2.2.1 Ganância e queixa

Collier e Hoeffler (1998, p. 86) argumentaram no seu estudo que a guerra civil está fortemente concentrada em países com baixos rendimentos, em declínio económico e dependentes de recursos naturais.

Noutro estudo de Collier, Hoeffler e Sambanis (2004), o seu argumento foi que a guerra ocorre se o incentivo à rebelião for suficientemente grande em relação ao custo. Por outras palavras, se as facções beligerantes retirarem o máximo benefício da guerra, fazem tudo para a conseguir. Nalgumas destas guerras, segundo estes autores, a ganância tem sido o desejo das partes envolvidas de pilharem para obterem ganhos privados.

Collier (2004, p.563) propôs que a cobiça, definida como o desejo excessivo de adquirir mais riqueza material do que aquela de que se necessita, proporciona a capacidade de financiar a rebelião e que a suspeita e as queixas são fruto de divisões étnicas e religiosas, da repressão política e da desigualdade socioeconómica.

Os autores afirmam ainda que o fator ganância tem maior risco de alimentar conflitos internos. A impressão com que se fica da proposta de Collier é que a rivalidade étnica e religiosa e a repressão serviram de catalisadores para o início do conflito na Costa do Marfim, enquanto as receitas da exploração e venda dos recursos naturais do país sustentaram e aceleraram o conflito.

No caso do conflito na Costa do Marfim, os rebeldes têm incentivos em termos de ganhos para desafiar o governo, porque o custo de oportunidade de entrar em conflito era visto como uma oportunidade de extorsão que financiava e sustentava o conflito. Além disso, a ganância, mais do que a queixa, foi a causa principal de muitos conflitos e o fator que os sustentou (Collier et al 2004)

Collier et al (2004) argumentaram que o risco de início e manutenção da guerra aumentava à medida que aumentava a dotação de recursos naturais de um país e diminuía à medida que aumentava o custo de oportunidade da rebelião. A teoria do canal de causalidade foi proposta por Collier, Hoeffler e Sambanis (Collier et al 2004) e é utilizada para explicar este cenário. A teoria do Canal de Causalidade entre a dependência dos recursos naturais e o conflito é o conceito de Estado Rentier. É relevante para o conflito na Costa do Marfim no sentido em que os recursos fizeram com que os líderes do país lutassem pelo controlo do país.

O conceito de Estado rentista afirma que "... os Estados dependentes de recursos são invariavelmente autoritários e propensos a conflitos". A dependência dos recursos naturais leva ao conflito porque os recursos naturais são um pote de mel. Assim, a política torna-se a disputa pelo controlo desses recursos. Esta situação produz uma política de corrupção, que é ajudada e incentivada pelo comportamento de empresas estrangeiras e, por vezes, diretamente por políticas de violência (Collier & Hoeffler, 1998, pp. 81-86). Os riscos tornam-se mais elevados em países com baixos rendimentos, como a Costa do Marfim, porque o controlo do Estado implica receitas maciças em relação a outras oportunidades de obtenção de rendimentos, na ausência de um sector privado viável (Collier & Hoeffler, 1998). Este argumento apoia a noção de que os recursos da Costa do Marfim levaram os líderes a lutar pelo seu controlo. Os rebeldes estavam interessados nos recursos para se sustentarem e os dirigentes, devido à sua ganância, utilizaram a política para obter o controlo dos recursos do país.

2.2.2 Política de identidade

Segundo Johari (2009, p. 648), "... a política de identidade é a luta, a agitação, os movimentos e os protestos de sectores da sociedade até agora negligenciados e humilhados, que agora querem ser reconhecidos no sistema social e político de um país". Num contexto restrito, a política de identidade é uma forma de rotulagem. No conflito tribal, a caraterística comum é a forma como os rótulos são utilizados para reivindicações políticas. Os conflitos associados às tribos constituem conflitos étnicos (Kaldor, 2001).

Os estudos actuais indicam que as nações com um elevado grau de dualidade étnica e essencialmente monoétnicas tendem para a estabilidade, mas as situações pluriétnicas (sociedade com muitos grupos étnicos com identidade diferente) com grupos étnicos dominantes são as mais propensas ao conflito (Nhema & Zeleza, 2008 citado em Roots of African Conflicts). Outros investigadores provaram que, nesta situação, as relações entre grupos tendem para o conflito se um grupo for mais favorecido na distribuição dos recursos do Estado ou se outro grupo for objeto de discriminação e repressão (Zartman, 2005).

Embora o acesso ao poder seja a principal razão pela qual um sector da sociedade, até então negligenciado e muitas vezes humilhado, recorre a políticas de identidade, o controlo do poder oferece ao grupo um acesso seguro aos recursos (Kaldor, 2001). Invariavelmente, o acesso de um grupo a recursos reforça o controlo do grupo sobre o poder. Como afirma Johari (2009, p. 648), "... a política de identidade denota protestos ou lutas de grupos marginalizados que querem reconhecimento no sistema social e político de um país."

A gravidade da política de identidade é revelada por esta observação do investigador. No caso da Costa do Marfim, os dois líderes que concorriam à presidência - Gbagbo e Ouattara - identificavam-se com o local de onde retiravam o seu poder e apoio. Ouattara, por exemplo, identificou-se com os nortenhos, principalmente porque o seu apoio vem do norte. Da mesma forma, Gbagbo identificou-se com os do sul, uma vez que é oriundo dessa região do país. Os sulistas são maioritariamente cristãos e afirmam que são os marfinenses. Esta posição forte de ambos os líderes levou à divisão do país em dois campos rivais (Langer, 2005). Devido à política de identidade, o país foi dividido em dois: o norte, com a sua população predominantemente muçulmana, é liderado por Ouattara, enquanto o sul, dominado pelos cristãos, é liderado por Gbagbo. O que complicou a questão foi o facto de cada uma das duas metades desejar desesperadamente reclamar e manter a presidência da Costa do Marfim.

2.2.3 Dualismo e pluralismo

Embora as sociedades plurais causem mais alarme, as sociedades duais podem, de facto, ser mais perigosas (O'Neill, 1998, p.39 citado). Uma sociedade plural é aquela que tem múltiplos grupos definidos etnicamente, racialmente, religiosamente, culturalmente ou por outros parâmetros. Os Estados Unidos da América (EUA) e a África do Sul são sociedades plurais. As sociedades duais são menos numerosas e menos discutidas do que as sociedades plurais em África. Uma sociedade dual é aquela em que existem dois grupos étnicos, religiosos ou culturais. A Costa do Marfim e a Bélgica são exemplos de sociedades duais (O'Neill, 1998, pp.241-248).

De acordo com McDonald (1997, p. 39), as sociedades duais correm uma série de riscos elevados. Em primeiro lugar, correm o risco de ficarem presas num impasse prolongado. O impasse entre cipriotas gregos e cipriotas turcos é um exemplo disso. Em segundo lugar, pode desenvolver-se uma cultura de desconfiança étnica polarizada, como é o caso da Bélgica, da Guiana e de Trinidad. Em terceiro lugar, as sociedades duais podem suportar períodos prolongados de tensão e violência".

Fora de África, a luta na Irlanda do Norte constitui um aviso claro desta situação (Senaratne, 1997). Em África, os berberes e os árabes da Argélia estão à beira de uma luta semelhante (Senaratne, 1997). Em quarto lugar, as sociedades duais também correm o risco de separatismo e secessionismo. O Sri Lanka foi dilacerado pela tentativa dos Tamil de se separarem da sociedade dominada pelos Cingaleses (Senaratne, 1997). Por último, as sociedades duais correm o risco de genocídio e de potenciais represálias de genocídio. O exemplo mais elucidativo desta situação encontra-se no Ruanda, onde os Hutus e os Tutsis se envolveram num confronto sangrento que desestabilizou a região e se tornou uma das principais causas da guerra internacional que mais tarde se estendeu à vizinha República Democrática do Congo (Zartman, 2005; Langer, 2005; Kirwin, 2006).

As eleições de 2000 na Costa do Marfim conduziram à eleição de Gbagbo para presidente e a polarização entre os partidos pró-FPI (Frente Popular da Costa do Marfim) e pró-RDR (Rali Republicano) manteve-se. No entanto, a divisão foi feita entre nortenhos e sulistas. Em consonância com a sua retórica anti-Ouattara e anti-RDR, Gbagbo atribuiu a maioria dos cargos governamentais ao seu próprio partido, o que agravou os sentimentos de exclusão política e de desigualdade existentes entre os apoiantes da RDR (Langer, 2005, pp.25-35). As políticas estatais tornaram-se mais nacionalistas, caracterizadas por ataques de bandos de jovens à oposição (Kirwin, 2006). O nacionalismo tornou-se mais grave durante o regime de Gbagbo, uma vez que os estrangeiros de origem africana em geral eram atacados pela chamada juventude da Costa do Marfim.

2.3 PROVAS EMPÍRICAS DAS CAUSAS DO CONFLITO

Das numerosas fontes consultadas, que foram identificadas e discutidas em pormenor mais adiante, surgiram as seguintes:

- Goor, Rupesingle e Sciarone (1996) classificaram as causas do conflito em quatro, nomeadamente, a crise da formação do Estado e da construção da nação, factores culturais com referência específica à manipulação de identidades etno-religiosas e nacionalistas, factores socioeconómicos e a disponibilidade e proliferação de armas.

- O DFID (2001) classificou as causas em três categorias, nomeadamente, a elegibilidade, o fracasso do Estado e a desigualdade política, económica e social entre grupos dentro do país.

As provas empíricas das causas do conflito na Costa do Marfim são apresentadas nas subsecções que se seguem, porque permitem a utilização de mais variáveis e facilitam assim a compreensão, tornando evidente a complexidade das causas do conflito.

2.3.1. Critérios de elegibilidade para a presidência

A causa imediata da crise da Costa do Marfim é atribuída à desqualificação de Alassane Ouattara na corrida presidencial de 2000 (Doudou, 2003).

Embora Ouattara não tenha sido o único candidato potencial que foi desqualificado, foi certamente o político mais proeminente a ser destituído dos seus direitos. Ouattara foi anteriormente Primeiro-Ministro e líder do RDR, um dos quatro maiores partidos políticos da oposição na Costa do Marfim (ACNUR, 2004). A desqualificação de Ouattara e de outros candidatos dos partidos da oposição foi feita em violação do Acordo de Paz da Costa do Marfim de 2000, que previa que a Constituição da Costa do Marfim fosse alterada para resolver os problemas da cidadania e do sufrágio. Os partidos da oposição, liderados por Ouattara e os seus apoiantes, opuseram-se veementemente à desqualificação. A atitude intransigente do partido no poder face à oposição crescente culminou no início da guerra civil, que começou em 2002 (ACNUR, 2004).

2.3.2. Falha do Estado

De acordo com Zartman (2005), o fracasso do Estado ocorre quando este deixa de poder desempenhar as suas funções básicas, por exemplo, quando o órgão de decisão e organização do Estado fica paralisado e deixa de poder funcionar. Desta forma, o Estado perde o seu poder de controlo sobre a sociedade e deixa de poder prestar serviços de segurança e bem-estar aos seus cidadãos. Em 2004, o governo da Costa do Marfim perdeu a sua legitimidade política na sequência de lutas internas. Os aparelhos político e socioeconómico do país foram destruídos e o país mergulhou num estado de desordem extrema. Esta situação culminou com o colapso do governo, da lei e da ordem e do controlo das actividades políticas, económicas e sociais (Francis, 2006, p.45). Stewart (2005, p. 4) é de opinião que "... a estabilidade social baseia-se num contrato social hipotético". O fracasso da Costa do Marfim como Estado foi atribuído à incapacidade do Governo para ultrapassar os problemas estruturais entre o povo e o Governo. As pessoas aceitam a autoridade do Estado desde que este preste serviços e garanta a proteção e a segurança. Assim, com o declínio dos serviços sociais e o comprometimento da segurança, o aparelho de Estado da Costa do Marfim desintegrou-se e a violência instalou-se.

2.3.3. Disparidades económicas entre as populações

Collier (1998, p. 73) afirma que "... as disparidades económicas parecem ser a razão central pela qual as guerras civis eclodem, especialmente quando existem desequilíbrios regionais em termos de níveis de desenvolvimento e distribuição de recursos". Campbell (2010, p. 24) apoia a afirmação de Collier e argumenta que "... a Administração Colonial Francesa na Costa do Marfim lançou as bases para a divisão e desigualdade entre o norte e o sul e que, as realidades económicas pós-coloniais apenas serviram para aprofundar estas desigualdades" Tanto o boom económico que a Costa do Marfim pós-colonial desfrutou durante os anos 60 e início dos anos 70 como o declínio acentuado que se seguiu ajudaram a alimentar as sementes da divisão entre o norte e o sul. A região norte abastecia a região sul com trabalhadores migrantes que trabalhavam nas indústrias do cacau e do café.

A Costa do Marfim dependia das exportações de cacau e café para o seu crescimento económico, prosperidade e estabilidade durante a década de 1960. No entanto, os trabalhadores imigrantes nunca receberam a propriedade das terras que ocuparam e trabalharam durante gerações (Africa Centre for the Constructive Resolution of Dispute, 2003)

A queda dos preços do cacau e do café no mercado mundial nos anos 80 agravou a pobreza no país. As regiões mais pobres foram as que mais sofreram devido à sua excessiva dependência e dependência do cacau e do café. A taxa de pobreza aumentou de 25,6% em 1980 para 56,9% em 1980, principalmente na região da savana do norte. Com o declínio da economia e a escassez de oportunidades de emprego, os agricultores do sul exigiram que as suas terras lhes fossem devolvidas. As disparidades socioeconómicas contribuíram assim para inflamar a situação já de si volátil (Kirwin, 2006, p. 48).

2.3.4. Factores sócio-políticos

As dicotomias étnicas e religiosas constituíram causas importantes do conflito na Costa do Marfim. Ostby (2004, p. 85) afirma que "... em comunidades cosmopolitas como a Costa do Marfim, a desigualdade de acesso ao poder e aos recursos cria queixas entre os grupos que se sentem em desvantagem". A administração colonial francesa privilegiou a região sul, rica em recursos naturais, e por isso o desenvolvimento das infra-estruturas concentrou-se aí. Além disso, a maioria dos funcionários públicos e da elite educada do país era do sul, enquanto os nortenhos eram recrutados para as forças militares e policiais. Obviamente, os nortenhos tinham muito que reclamar em termos de orgulho económico e educacional (Ostby, 2004).

A estrutura étnica da população é vista como uma das principais causas do conflito na Costa do Marfim (Ostby, 2004). Cerca de 25% dos 16 milhões de habitantes da Costa do Marfim são trabalhadores imigrantes ou descendentes de trabalhadores imigrantes dos países vizinhos do Burkina Faso, Mali, Gana e Níger (Ostby, 2004). Esta parte da população foi excluída da participação política e o seu estatuto civil de cidadãos foi posto em causa. Além disso, a Constituição de 2000 restringia os candidatos presidenciais aos cidadãos nascidos na Costa do Marfim e de pais marfinenses.

Uma vez que Ouattara, antigo primeiro-ministro do Presidente Houphouet-Boigny, foi acusado de ser cidadão do vizinho Burkina Faso, foi declarado inelegível para se candidatar à presidência da Costa do Marfim (Kirwin, 2006, p. 49). Além disso, a nova lei punha em causa os direitos e o acesso à terra por parte dos não costa-marfinenses. Os desalojados eram maioritariamente muçulmanos do norte. Uma vez que a maior parte dos apoiantes de Ouattara eram nortenhos, a política foi entendida nalguns círculos como uma estratégia política para privar as pessoas do norte dos seus direitos. Esta politização da identidade baseada principalmente na etnia e na religião tornou-se uma força de divisão que rasgou o tecido social deste país outrora próspero (Kirwin, 2006, p. 50).

2.3.5. Má governação

Antes do início do conflito, havia indícios claros de má governação na Costa do Marfim. O índice de perceção da corrupção da Transparência Internacional de 2008 mostrou que a Costa do Marfim estava classificada em 151° lugar no mundo, entre as 180 nações avaliadas. O relatório afirmava que existiam leis na Costa do Marfim que previam sanções penais para a corrupção, mas que nunca foram efetivamente aplicadas (Global Security, 2010). Como observou o antigo Secretário-Geral das Nações Unidas, Kofi Anan, "... a insuficiente responsabilização dos líderes, a falta de transparência, a falta de Estado de direito, o respeito pelos direitos humanos e o facto de os líderes não passarem pacificamente a palavra a outros conduz a conflitos" (Issaka, 2006, p. 43).

Capital humano

Além disso, a Costa do Marfim foi classificada em 166° lugar como o mais pobre dos 179 países e territórios no Índice de Desenvolvimento Humano do PNUD para 2008.

Havia indicações de pobreza generalizada, com cerca de 48,8% da população a viver com menos de 2 dólares por dia. A esperança de vida era de 55,5 anos, a taxa de alfabetização de 48,7% e o rendimento per capita de 1.132 dólares. Tudo isto foi atribuído à pobreza e à má governação (Global Security, 2008).

2.3.6. Reforma da propriedade fundiária

A terra na Costa do Marfim, como em qualquer outra parte do mundo em desenvolvimento, é um recurso socioeconómico importante. Os principais factores subjacentes à maioria dos conflitos étnicos e políticos têm sido a propriedade da terra, a distribuição da terra, a redistribuição da terra e a exploração da terra. Existem dois tipos principais de conflitos sobre a terra que são comuns em todo o mundo. Trata-se de tensões entre as populações indígenas e os grupos de colonos e de conflitos entre as populações locais estabelecidas e os trabalhadores imigrantes dos países vizinhos (Reilly & Wainwright, 2005).

No caso da Costa do Marfim, os vários grupos étnicos da população local competiam com os trabalhadores imigrantes pela terra e pela propriedade da terra. O sistema de posse da terra rural não podia resolver adequadamente a questão porque a lei da Costa do Marfim de dezembro de 1998 negava aos estrangeiros o acesso à terra. A consequência era que os estrangeiros residentes na Costa do Marfim não podiam transferir terras rurais para os seus descendentes, a menos que estes fossem marfinenses. A lei de dezembro de 1998 criou condições de incerteza e dificuldades para um grande número de "estrangeiros" que se estabeleceram na Costa do Marfim durante décadas (ACNUR, 2004).

2.3.7. Factores externos que contribuíram para o conflito

Os conflitos quase nunca são incidentes exclusivamente locais. Têm frequentemente várias dimensões interligadas que vão desde as ligações nacionais às ligações globais (Banco Africano, 2008). Os conflitos internos alastram frequentemente para além das fronteiras nacionais. Entre os maiores efeitos dos conflitos internos transfronteiriços contam-se o problema dos refugiados e a proliferação de armas ligeiras e de pequeno calibre através do tráfico ilícito levado a cabo por mercenários, que são um fenómeno comum na sub-região da África Ocidental (Banco Africano, 2008). Embora as armas ligeiras e de pequeno calibre não causem conflitos, depressa se tornam parte da equação do conflito, exacerbando as tensões subjacentes, gerando mais insegurança, aprofundando o sentimento de crise e aumentando as baixas (Banco Africano, 2008).

Estas armas contribuem geralmente para as violações dos direitos humanos, dificultam os esforços de manutenção e de consolidação da paz, bem como o desenvolvimento sustentável.

A resolução do problema das armas de pequeno calibre exige uma governação a vários níveis, desde o envolvimento global ao local. As medidas mais importantes que puderam ser desenvolvidas eram frequentemente de natureza nacional, mas têm de ser integradas em regimes regionais e mundiais sólidos para regular as consequências transfronteiriças ou externas das políticas nacionais em termos de fornecimento de armas ligeiras (Brown, 1996). No caso da Costa do Marfim, a proliferação de armas tornou possível a eclosão de hostilidades violentas e alimentou e prolongou o conflito. O fornecimento de armas de países vizinhos como a Libéria e a Serra Leoa, que também eram propensos a conflitos, foi para os rebeldes, enquanto Angola forneceu armas às forças armadas da Costa do Marfim sob o comando de Gbagbo (Balint-Kurti, 2007).

2.4. PROVAS EMPÍRICAS DAS TENTATIVAS DE RESOLUÇÃO DA CRISE

Desde o início, foram feitos muitos esforços para resolver a crise a nível local, regional e internacional. As tentativas feitas para resolver a crise foram exemplificadas, entre outros, pelo Acordo de Linas-Marcousis de janeiro de 2003, o Acordo de Ouagadougou de 2007, o Apelo de Washington

(ACNUR, 2005), o Acordo de Acra (2003 e 2004) e o Acordo de Pretória (2006). O primeiro Acordo de Acra foi organizado pela CEDEAO em setembro de 2003 (United States Institute of Peace, 2004). Os parágrafos seguintes fornecem pormenores sobre estes acordos.

2.4.1. Acordo Linas-Marcousis 2003

O Acordo de Linas-Marcousis de 2003 propunha a organização de eleições para eleger um governo de reconciliação nacional. As recomendações não puderam ser postas em prática devido às graves divergências existentes entre os rebeldes e o Presidente Gbagbo. Gbagbo recusou a organização de eleições e quis manter-se no poder até 30 de outubro de 2005. Os partidos da oposição, nomeadamente os combatentes das Forces Nouvelles (FN), rejeitaram a sua decisão, recusaram desarmar-se e exigiram a saída do Presidente Gbagbo (ACNUR, 2005).

O Acordo definiu um programa de nove pontos sobre desarmamento, reforma do sector da segurança, violação dos direitos humanos e incitamento dos meios de comunicação social à xenofobia e à violência, organização e supervisão das eleições, medidas para pôr termo às políticas de divisão em matéria de identificação nacional, cidadania, estrangeiros, posse de terras e elegibilidade para a presidência. As recomendações foram rejeitadas pelas partes beligerantes, o que levou à rutura do acordo (ACNUR, 2005).

2.4.2. Acordo de Paz de Ouagadougou

O Acordo de Ouagadougou de 2007 foi liderado pelo Presidente Blaise Compaore do Burkina Faso e pelo Presidente Thabo Mbeki da África do Sul. Foi acordado que o Presidente Gbagbo deveria nomear Guillaume Soro, líder da Force Nouvelles, como Primeiro-Ministro. O Acordo de Paz de Ouagadougou (APO) recomendava a criação de um governo de transição credível que emitisse documentos de identidade a todos os cidadãos, recolhesse todas as armas ainda na posse das milícias e iniciasse uma reforma global do sector da segurança e um processo eleitoral credível (Dorina, 2007). O Acordo foi concebido para encontrar soluções duradouras para as queixas de longa data e para tolerar a diversidade étnica e política entre os marfinenses. As metas e os objectivos do Acordo não foram concretizados porque Gbagbo adiou repetidamente as eleições presidenciais entre 2005 e 2009 (Dorina, 2007). O Presidente Gbagbo nomeou Soro como Primeiro-Ministro da Costa do Marfim.

O líder da FN, Soro, e os seus seguidores romperam o Acordo por suspeitarem que nos cadernos eleitorais apareciam nomes que pareciam ser do norte ou estrangeiros (Dorina, 2007). Os rebeldes recusaram-se a desarmar, o que contribuiu para o fracasso da OPA.

2.4.3. Apelo à Paz em Washington

Os líderes da sociedade civil e das comunidades religiosas da Costa do Marfim lançaram o apelo de Washington de 2007. O apelo destinava-se a encorajar os marfinenses a continuarem a trabalhar em prol da paz, centrando-se na tolerância étnica e política, reduzindo a tensão em torno das eleições, identificando as queixas de longa data e alargando o papel da sociedade civil (Dorina, 2007). Todos os acordos de paz mencionados não conseguiram proporcionar ao país a paz desejada entre 2002 e 2009 porque as partes envolvidas estavam relutantes em implementar esses acordos.

2.4.4. Acordo de Paz de Acra

O Acordo de Acra surgiu na sequência de dificuldades na aplicação do Acordo de Linas Marcoussis, nomeadamente no que se refere à questão controversa da formação de um governo de reconciliação e à nomeação dos ministros da Defesa e do Interior. O Acordo de Acra teve lugar em Acra, de 6 a 7 de março de 2003, 42 dias após a assinatura do Acordo de Linas Marcoussis em França. Estiveram presentes todas as partes que participaram no Acordo de Linas Marcoussis, incluindo representantes da UA e da CEDEAO e dirigentes de outros Estados africanos. O acordo apelava à adesão total a Marcoussis; à implementação, até 14 de março de 2003, das disposições do acordo relativas à delegação de poderes ao Governo de Reconciliação e à criação de um governo de unidade nacional.

O Acordo de Acra recomendou a criação de um Conselho Nacional de Segurança, composto por 15 membros, encarregado da gestão e do controlo dos ministérios da Defesa e do Interior. O Presidente foi igualmente encarregado de nomear os ministros da Defesa e do Interior, após consulta do Conselho Nacional de Segurança. Este foi um começo positivo, porque o Acordo de Acra não concedeu os ministérios da Defesa e do Interior aos rebeldes, como aconteceu nos acordos anteriores. O Acordo também reiterou as recomendações dos acordos anteriores sobre a segurança dos beligerantes e dos membros do governo feitas pela CEDEAO e pelos franceses.

O Acordo de Acra, assinado um ano mais tarde, em julho de 2004, foi uma tentativa de salvar o Acordo de Linas Marcoussis. Baseado na LMA, o Acordo de Acra tentou reconstituir o roteiro para a paz na Costa do Marfim, assente em provas pragmáticas, em oposição ao processo emocionalmente induzido de Paris (ACNUR, 2005).

A cimeira foi considerada a última oportunidade para corrigir os erros de Marcoussis, uma oportunidade para defender a realidade contra a retórica e também baseada na compreensão de que a crise era regional. Mais importante ainda, o Acordo de Acra foi um fórum para aceitar honestamente que, nas palavras de Michel de Bonnecorse, conselheiro do Presidente Chirac para os assuntos africanos, "a crise africana é um problema africano". O Acordo de Acra tinha duas componentes: política e de segurança. O elemento político centrava-se na questão da elegibilidade, nos poderes legais do Primeiro-Ministro, no Governo de Unidade Nacional e na Reconciliação. Relativamente à questão da elegibilidade, o acordo sublinhou a necessidade de rever os critérios de elegibilidade com base nos poderes discricionários de Gbagbo e através da adoção pelo parlamento de reformas jurídicas em torno desta questão. Relativamente ao Governo de Unidade Nacional e à Reconciliação, o Acordo de Acra sublinhou a necessidade de todas as partes se empenharem na aplicação do acordo como forma de avançar no processo de resolução do conflito. A nível da segurança, o processo de DDR foi considerado um obstáculo. Esperava-se que as facções armadas se desarmassem até 15 de outubro de 2004. Tal não se verificou. Não foi feita qualquer recomendação sobre a forma de lidar com o facto de não se terem desarmado a tempo (ACNUR, 2005).

2.4.5. Acordo de Pretória

Após três dias de reuniões à porta fechada e de intensas negociações em Pretória, os beligerantes da crise da Costa do Marfim assinaram um acordo de paz a 7 de abril de 2005.

O Acordo de Pretória, tal como os seus antecessores, baseava-se em Marcoussis. Nos termos do acordo de Pretória, o Presidente Mbeki recebeu poderes para decidir sobre o infame artigo 35º, após consulta do Secretário-Geral da ONU, Kofi Annan, e do Presidente da União Africana, Olusegum Obassanjo. Pode parecer plausível especular que já existia um acordo, mas o atraso foi para dar a Gbagbo uma semana para preparar as suas tropas no terreno para a má notícia de que o seu rival está pronto a regressar à cena política. Nos termos do acordo de Pretória, a ONU deveria ser responsável pela organização das eleições previstas para outubro de 2005. Os rebeldes e as milícias deveriam ser desarmados, desmobilizados e reintegrados.

Pretória deveria ter realizado eleições presidenciais em 31 de outubro de 2005, pondo assim termo a um processo de resolução de conflitos iniciado há mais de dois anos. Mas, tal como os acordos anteriores, o acordo desmoronou-se e todos, desde Gbagbo, aos rebeldes e à ONU, reconheceram a impossibilidade de realizar eleições. Os rebeldes do Norte recusaram-se a desarmar, as milícias pró-Gbagbo do Sul não entregaram as armas, os registos eleitorais não foram actualizados e o país continua dividido. O Ministro da Defesa da África do Sul, Lekota, acusou os rebeldes de terem torpedeado o acordo, argumentando que Gbagbo tinha cumprido a sua parte do acordo. Em resposta, os rebeldes declararam o sul-africano persona non grata e o impasse continuou (Dorina, 2007).

A UA reuniu-se na Nigéria em setembro de 2005 para discutir uma nova proposta no âmbito das iniciativas anteriores. Embora Gbagbo não tenha comparecido, argumentando que os processos de negociação tinham sido esgotados, a UA propôs à ONU que fosse nomeado um Primeiro-Ministro poderoso e que Gbagbo permanecesse no poder durante um ano. Os Presidentes Mbeki, Obassanjo e Mamadu Tandja foram encarregados de encontrar um Primeiro-Ministro aceitável para todos. Charles Konan Banny foi nomeado. Faltava saber se seria autorizado a exercer as suas funções. O grupo de trabalho internacional na Costa do Marfim apelou à dissolução do Parlamento, uma vez que o seu mandato estava a chegar ao fim. Esta ação foi uma manobra calculada para neutralizar a última base de poder de Gbagbo, reforçando assim as mãos do Primeiro-Ministro Banny na implementação da LMA (Dorina, 2007).

2.5 RESUMO DAS FONTES BIBLIOGRÁFICAS CONSULTADAS

A revisão da literatura abrangeu os debates contemporâneos e as causas discursivas e as várias tentativas de retificar o conflito. Foram feitas referências a situações de conflito noutros locais para servir de base ao estudo. A discussão incluiu também dados teóricos sobre as razões da persistência do conflito. As secções temáticas incluíam a política de identidade, a etnicidade e a fragmentação religiosa e a razão pela qual o fracasso do Estado era iminente. Além disso, as diferenças tribais, os problemas económicos e políticos, incluindo as reformas legislativas da nacionalidade, a reforma da elegibilidade e os problemas da reforma agrária na Costa do Marfim, foram analisados como provas de apoio ao conflito. As questões discutidas neste capítulo estão em consonância com o objetivo e a finalidade do estudo. O capítulo seguinte tratou da escolha metodológica, da conceção e da aplicação que o investigador adoptou para o estudo.

CAPÍTULO 3

ESCOLHA, CONCEPÇÃO E APLICAÇÃO DA METODOLOGIA

3.1. INTRODUÇÃO

Este capítulo discutiu os princípios e procedimentos de investigação que o investigador utilizou para o estudo. Silverman (2000, p. 88) define metodologia como "... uma abordagem geral ao estudo de um tópico de investigação e afirma ainda que a escolha do método deve refletir uma estratégia global de investigação e que a metodologia deve moldar os tipos de métodos a utilizar." O estudo utilizou a metodologia qualitativa porque foram utilizados diferentes instrumentos para recolher os dados relevantes (Babbie & Mouton, 2001). A discussão abrangeu a conceção da investigação, a população, o processo de amostragem, os instrumentos de recolha de dados, a análise dos dados e as considerações éticas, bem como a validade e a fiabilidade dos dados recolhidos para a compilação do relatório do estudo.

3.2. ESCOLHA METODOLÓGICA E CONCEPÇÃO

O estudo investigou as causas e as ramificações do conflito na Costa do Marfim entre 2002 e 2009. As abordagens qualitativas foram utilizadas para dar sentido aos dados necessários recolhidos junto dos inquiridos, a fim de obter uma imagem vívida da perspetiva dos participantes sobre o tema. Esta abordagem foi utilizada com o objetivo de avaliar e compreender o que se passou na Costa do Marfim (Gray, 2009). A abordagem qualitativa utiliza a análise de conteúdo, que é a interpretação subjectiva do conteúdo dos dados de texto através de um processo de classificação sistemática de codificação e identificação de temas ou padrões (Hsieh e Shannon, 2005). Ajudou o investigador a gerar a informação necessária sobre a crise na Costa do Marfim que não é facilmente quantificada, como a informação sobre as dimensões perceptivas e atitudinais (Silverman, 2000, pp. 88-99). A entrevista telefónica também foi utilizada durante o estudo. Isto permitiu ao investigador contactar os inquiridos na Costa do Marfim sem quaisquer dificuldades.

A dimensão qualitativa incidiu também sobre a interpretação e a discussão dos dados recolhidos para poder situar o estudo no seu contexto adequado e nas explicações fornecidas no relatório (Boaduo, 2011).

3.3. AMOSTRA E AMOSTRAGEM DA POPULAÇÃO

De acordo com McMillan e Schumacher (2001, p. 88), "...a população é um grupo de elementos ou casos, sejam eles indivíduos, objectos ou acontecimentos, que obedecem a critérios específicos". Neste estudo, a população-alvo foram os marfinenses na Costa do Marfim (que foram contactados por telefone), os refugiados marfinenses no Gana e na África do Sul e os analistas políticos do Instituto de Estudos de Segurança de Pretória.

3.3.1. Amostra e processo de amostragem

A amostragem implica a seleção cuidadosa de uma unidade de uma determinada população (Babbie & Mouton, 2001). Os resultados da amostra podem então ser generalizados para fazer inferências sobre a população em geral. Neste estudo, foi utilizada a técnica de amostragem intencional para selecionar os inquiridos. Isto estava de acordo com a afirmação de Maree (2007, p. 50) de que ".a amostragem intencional baseia-se em critérios pré-selecionados relevantes para uma determinada questão de investigação". A razão para utilizar a amostragem intencional foi que ajudou o investigador a selecionar os inquiridos que têm informações relevantes sobre a crise na Costa do Marfim. As amostras eram constituídas por pessoas com conhecimentos e experiência adequados da área de estudo e incluíam analistas políticos e marfinenses que viveram a crise e o seu impacto (Tongco, 2007).

Foram entrevistados catorze inquiridos. A sua composição era composta por oito homens e seis mulheres e o perfil dos inquiridos é apresentado no quadro 1. As idades dos inquiridos variavam entre os 25 e os 50 anos. Relativamente à sua origem étnica, 95% dos inquiridos são francófonos e os restantes falam inglês. Os participantes ou eram vítimas do conflito ou tinham um conhecimento profundo do conflito na Costa do Marfim. Os inquiridos eram académicos, diplomatas, políticos, funcionários públicos, investigadores e refugiados. A escolha de vários participantes deu ao investigador a oportunidade de interagir com os participantes de modo a obter informações fiáveis sobre o tema em estudo.

Respondent	Status
Participant no. 1	Researcher (Doctor)
Participant no. 2	Political science student
Participant no. 3 & 14	Diplomat (Embassy)
Participant no. 4	Teacher
Participant no. 5, 6, 11, 12 & 13	Refugees
Participant no. 7	Trader
Participant no. 8 & 10	University students
Participant no. 9	Journalist

3.4. INSTRUMENTOS DE RECOLHA DE DADOS

Os instrumentos utilizados na recolha dos dados primários necessários para o estudo foram entrevistas e questionários. Foram também utilizados materiais de apoio, como um gravador e um caderno de campo, para registar informações adicionais. Nos parágrafos que se seguem, foi dada atenção à forma como as entrevistas, o questionário e a análise de documentos foram integrados no estudo para a recolha dos dados necessários para compilar o relatório do estudo

3.4.1. Entrevistas

A entrevista é uma conversa bidirecional através da qual o investigador solicita aos inquiridos respostas a perguntas em termos das suas ideias, crenças, pontos de vista e opiniões sobre a questão em estudo (Maree, 2007). O investigador utilizou perguntas de entrevista abertas, semi-estruturadas e estruturadas (Denzin & Lincoln, 2003). Foram utilizados métodos presenciais e telefónicos. As entrevistas semi-estruturadas permitiram ao investigador obter dados descritivos ricos que levaram à compreensão da construção do conhecimento dos inquiridos sobre a realidade social em termos das causas e dos efeitos do conflito na Costa do Marfim. A recolha de dados foi efectuada com a ajuda de um gravador de voz e de notas de campo. As notas de campo ajudaram o investigador a concentrar-se e a manter o registo das perguntas de seguimento que precisavam de ser feitas. Por outro lado, a gravação ajudou o investigador a manter registos precisos dos dados recolhidos sem pedir aos inquiridos que repetissem as respostas.

3.4.2. Questionário

O investigador utilizou um questionário para obter outros dados necessários. O questionário serviu como instrumento adequado porque ajudou o investigador a obter a informação relevante para complementar as entrevistas. De acordo com Patton (2002: 96), as vantagens de utilizar o questionário são que "... poupa tempo e conduz a resultados fiáveis." O questionário era constituído por perguntas abertas. As perguntas abertas foram úteis para obter respostas livres dos inquiridos.

Os questionários de resposta aberta foram enviados ao inquirido por correio e os outros por mão própria. Todos os questionários preenchidos foram recolhidos individualmente pelo investigador. Os que foram enviados por correio também foram devolvidos através do correio.

3.4.3. Análise de documentos

A análise de documentos é descrita como o ato de rever a documentação relevante existente em termos do problema de investigação, a fim de extrair informações relevantes (Merriam, 2001). Os dados secundários foram recolhidos de fontes como artigos, jornais, revistas, livros e periódicos para obter informação histórica e outro tipo de informação relevante.

Outros documentos relevantes sobre o conflito foram obtidos no Instituto de Estudos de Segurança em Pretória, nos relatórios da BBC News sobre os antecedentes do conflito, as causas e os efeitos, bem como nos relatórios da ONU sobre o conflito na Costa do Marfim, incluindo os da biblioteca da universidade.

3.5. CONSIDERAÇÕES ÉTICAS

A ética na investigação são princípios ou normas morais que orientam a relação entre o investigador e os participantes (Gray, 2009). Qualquer investigação que se preze deve incluir considerações éticas, especialmente quando o estudo requer a participação de seres humanos (Babbie, 2001). A ética da investigação para este estudo visava a proteção dos direitos dos participantes. Era da responsabilidade do investigador proteger e assegurar o direito e o bem-estar dos participantes (Babbie, 2001). Foi também solicitada a aprovação ética do Comité de Ética da Universidade Walter

Sisulu, antes do início do estudo de investigação. Foi pedida autorização aos participantes em causa. Foram também recolhidas cartas de aceitação de todas as autoridades relevantes que deveriam contribuir para a conclusão do estudo de investigação. A discussão que se segue responde à consideração específica em termos de ética.

3.5.1. Participação voluntária

Kimmel (2007, p. 110) defende que "...a participação voluntária na investigação é necessária para que os participantes não sejam coagidos a participar na mesma." O investigador não divulgou a ninguém as informações fornecidas e utilizou-as especificamente para o estudo. Os inquiridos que foram contactados participaram voluntariamente. Foram informados do objetivo do estudo e concordaram em participar. Foram plenamente informados dos possíveis riscos do seu envolvimento (Babbie, 2001). Os formulários de consentimento informado foram entregues aos participantes para os informar plenamente sobre o objetivo e os objectivos do estudo, de modo a permitir-lhes tomar uma decisão voluntária de participar ou não. Os direitos dos participantes incluíam a sua compreensão do objetivo do estudo e das consequências de concordar em participar (Harwani e Arbat, 2011).

3.5.2. Anonimato

A fim de respeitar a cláusula de anonimato, os itens do questionário não pediam os nomes dos inquiridos. A questão do anonimato neste inquérito foi crucial porque, na altura em que o estudo foi realizado, tinha eclodido um conflito grave na Costa do Marfim, que exigia total sigilo sobre as informações divulgadas ao investigador e, por esta razão, o direito ao anonimato dos inquiridos foi devidamente respeitado.

3.5.3. Confidencialidade

O investigador garantiu aos participantes que as suas respostas seriam tratadas de forma confidencial. Jenet, Reynold e Jason (2008, p. 258) afirmam que "...as normas de privacidade e confidencialidade protegem o acesso, o controlo e a divulgação de informações pessoais. Tais normas ajudam a proteger a integridade mental e psicológica do inquirido." Foi esclarecido aos inquiridos que a informação era necessária propositadamente para atingir o objetivo do estudo e que, em circunstância alguma, a informação seria utilizada para outros fins.

3.5.4. Autorização para efetuar o estudo

Foi pedida autorização aos participantes para a realização das entrevistas. Foram obtidas cartas de aceitação dos mesmos. Foi dada informação sobre a natureza da investigação. De acordo com Jenet, Reynold e Jason (2008), os investigadores devem explicar claramente aos inquiridos o objetivo do estudo e os potenciais riscos e benefícios. Isto foi feito para obter a compreensão e a cooperação dos inquiridos antes de o investigador iniciar as entrevistas.

3.6.   ANÁLISE E INTERPRETAÇÃO DOS DADOS

A análise de dados é o processo de transformação de dados brutos em informação valiosa que pode ser tornada compreensível para produzir resultados (Benony e Nathaniel, 2000). O investigador utilizou abordagens de investigação qualitativas. Enquanto a abordagem qualitativa se baseia na análise de conteúdo, que é a interpretação subjectiva do conteúdo dos dados recolhidos através de um processo de classificação sistemática de codificação e identificação de temas ou padrões (Hsieh & Shannon, 2005).

De acordo com Zhang e Wildemuth (2006, p. 2) "... a análise de conteúdo é um exame minucioso do texto para compreender temas ou perspectivas na investigação." Esta abordagem foi orientada pelas questões de investigação que tinham como objetivo descobrir as causas e as ramificações do conflito na Costa do Marfim entre 2002 e 2009. O investigador analisou os dados transcrevendo as gravações das entrevistas em tabelas e, posteriormente, representadas em gráficos para facilitar a análise visual. O investigador leu-os minuciosamente, destacando os temas que surgiram e fornecendo a interpretação mais adequada. Os temas comuns foram agrupados como títulos para as discussões que se seguiram às interpretações.

3.7. VALIDADE E FIABILIDADE DOS DADOS RECOLHIDOS

A validade e a fiabilidade de um estudo de investigação dependem da exatidão e da pertinência dos procedimentos utilizados na recolha dos dados para o estudo. De acordo com Gajendra e Kanka (1999), a validade no domínio da medição educacional refere-se ao grau em que um teste, instrumento ou técnica mede o que é suposto medir num estudo. A fiabilidade, por outro lado, refere-se ao grau em que um teste ou uma técnica proporciona consistência e precisão, produzindo os mesmos resultados se o mesmo estudo for realizado noutro local, utilizando a mesma escolha metodológica e a mesma aplicação. White (2005) é de opinião que os investigadores quantitativos e qualitativos consideram a fiabilidade como a eliminação de erros casuais que poderiam influenciar os resultados. A validade no estudo qualitativo refere-se a técnicas que verificam a credibilidade dos dados e minimizam os efeitos de distorção dos preconceitos pessoais sobre a lógica das provas reveladas pelos dados recolhidos (Boaduo, 2006 & 2010). Estas foram consideradas neste estudo para a credibilidade, validade e fiabilidade da informação no relatório do estudo. No que diz respeito à Costa do Marfim, as informações obtidas para o estudo eram válidas e fiáveis.

3.8. CONCLUSÃO

Os métodos de investigação, os instrumentos e os procedimentos utilizados para a recolha de dados foram apresentados neste capítulo. O estudo utilizou métodos quantitativos e qualitativos para a investigação do conflito político na Costa do Marfim de 2002 a 2009. Além disso, foram contextualizadas as considerações éticas, incluindo a validade e a fiabilidade dos dados. Foram discutidos os procedimentos de recolha e análise de dados. O Capítulo 4 concentrou-se no tratamento, análise e interpretação dos dados primários recolhidos.

CAPÍTULO 4

TRATAMENTO, ANÁLISE E INTERPRETAÇÃO DOS DADOS

4.1. INTRODUÇÃO

Este capítulo diz respeito ao tratamento, à análise e à interpretação dos dados primários obtidos a partir das respostas ao questionário e às entrevistas, bem como da informação contida nos documentos. Os dados foram analisados e interpretados tendo em conta a questão principal de investigação e as questões de sub-investigação. Foi utilizado o método qualitativo, tal como indicado na metodologia, na conceção e na aplicação. A distribuição dos inquiridos é apresentada no quadro 2.

Tabela 2: Distribuição dos inquiridos

Respondent	Status
Participant no. 1	Researcher (Doctor)
Participant no. 2	Political science student
Participant no. 3 & 14	Diplomat (Embassy)
Participant no. 4	Teacher
Participant no. 5, 6, 11, 12 & 13	Refugees
Participant no. 7	Trader
Participant no. 8 & 10	University students
Participant no. 9	Journalist

Na tentativa de dar sentido aos dados primários recolhidos a partir das respostas ao questionário, as respostas dos inquiridos foram contadas e agrupadas, após o que as respostas foram representadas sob a forma de gráficos para uma identificação fácil e rápida da natureza das respostas. Os gráficos foram descritos para colocar os dados numa perspetiva adequada em termos da informação que foi fornecida pelos inquiridos para introspeção. É com base na descrição e na análise que a informação pode ser útil para a interpretação e para chegar a uma listagem das conclusões reveladas e fazer possíveis recomendações.

4.2. ANÁLISE E INTERPRETAÇÃO DOS ITENS DO QUESTIONÁRIO

A Figura 1 mostra a composição por género dos inquiridos. A figura revela que os homens mostraram mais interesse em participar nesta investigação do que as mulheres. Também mostra que muitos homens deixaram o país em comparação com as mulheres, porque as mulheres não podiam deixar os seus filhos, os idosos e os seus bens.

Figura 2: Composição por género dos inquiridos

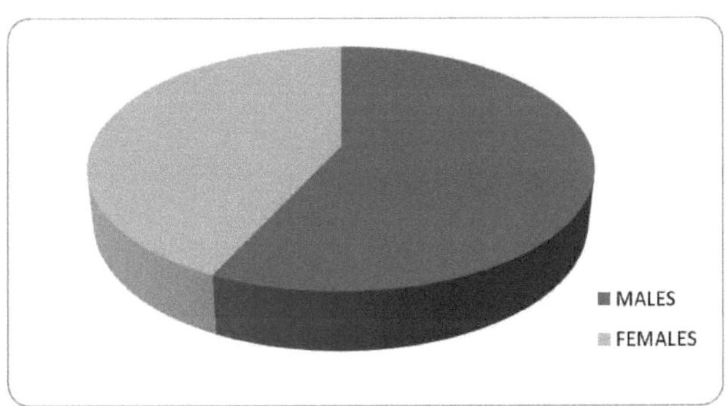

4.2.1. Análise e interpretação dos itens do questionário

Neste subtítulo, os itens do questionário foram analisados e foi fornecida uma breve interpretação para facilitar a compreensão das informações reveladas pelos dados.

Item 1 do questionário: Neste item, o investigador pediu aos inquiridos que respondessem à seguinte questão Quem eram as partes envolvidas no conflito da Costa do Marfim? As respostas recebidas foram representadas graficamente na figura 2.

Interpretação: De acordo com os dados apresentados na figura 2, as percentagens das partes envolvidas no conflito eram de 23% para o PDCI de Bedie, 19% para o RDR de Outtara, 19% para a FPI de Gbagbo, 12% para a FN de Soro, 8% para a junta militar de Guie e 4% para o MPCI, o MPIGO e o MJP dos Rebeldes.

Figura 3: Partes envolvidas no conflito

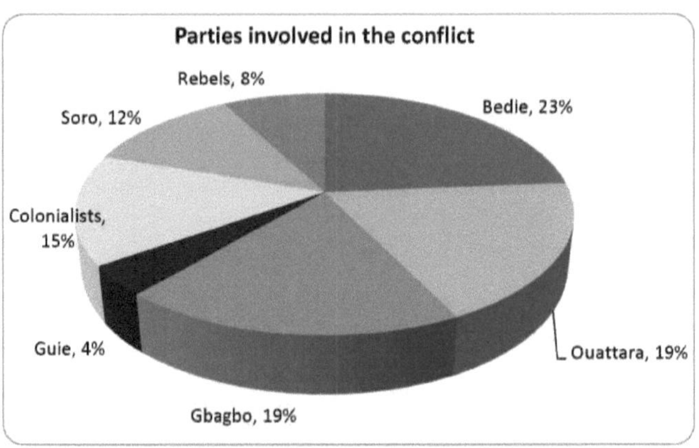

Item 2 do questionário: Neste item, o investigador pediu aos inquiridos que respondessem à seguinte questão Que papel desempenharam as instituições regionais e internacionais no conflito da Costa do Marfim? As respostas recebidas foram representadas graficamente na figura 3.

Figura 4: Papel das organizações regionais e internacionais

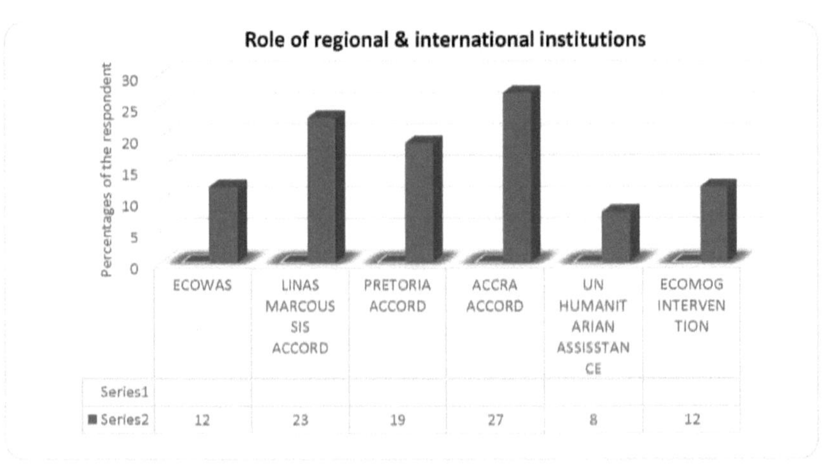

Interpretação: As revelações do gráfico são que 12% disseram que a CEDEAO iniciou negociações de paz sob a liderança do então Presidente Eyadema do Togo e 23% indicaram que a França e a CEDEAO organizaram conversações de paz de cessar-fogo em Paris ao abrigo do Acordo de Linas-Marcoussis. A percentagem mais elevada, que representava 27%, referia-se às conversações de paz entre a UA e a CEDEAO, designadas por Acordo de Acra, que tiveram lugar no Gana. Este foi apelidado de Solução Africana para os Problemas Africanos. Também 19% disseram que houve um Acordo de Pretória sob a liderança de Thabo Mbeki em consulta com Kofi Annan, o antigo Secretário-Geral da ONU, e Olusegun Obasaujo, o então Presidente da UA. Além disso, 8% e 12%, respetivamente, indicaram que a ONU e a ECOMOG prestaram assistência humanitária sob a forma de agentes para proteger mulheres e crianças.

Item 3 do questionário: Neste item, o investigador pediu aos inquiridos que respondessem à afirmação: Quais são as causas do conflito na Costa do Marfim? As respostas recebidas foram representadas graficamente na figura 4.

Figura 5: Causas do conflito na Costa do Marfim

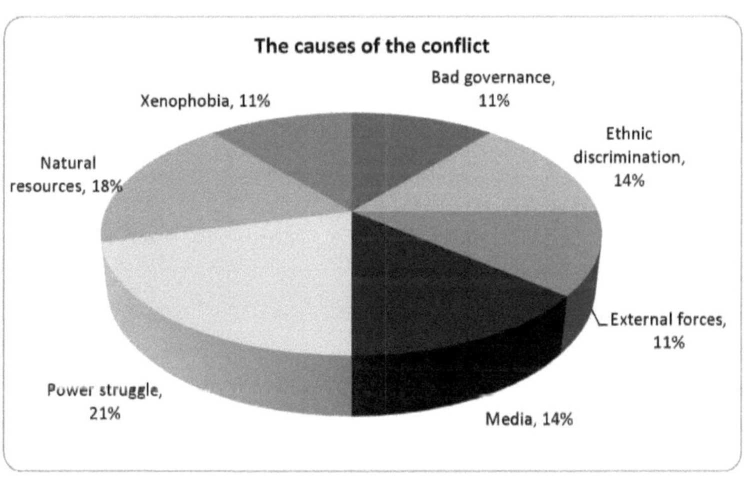

Interpretação: O que é aqui apresentado concentra-se na má governação, na discriminação étnica, nas forças externas, no incitamento dos meios de comunicação social, na luta pelo poder, nos recursos naturais e na xenofobia.

Na figura 5, a indicação é que a má governação, a força externa e a xenofobia têm 11% cada uma como respostas para as causas do conflito. A má governação, caracterizada por uma corrupção desenfreada, ganância e discriminação, levou muitos cidadãos a sofrerem na pobreza, o que mais tarde culminou no conflito. Outros inquiridos indicaram que o conflito pode ter origem em forças externas. Sublinham que a guerra foi motivada pelos senhores coloniais (França), à semelhança de casos semelhantes registados nos países vizinhos. Os rebeldes ou os ex-combatentes foram treinados no Burkina Faso por grupos de interesse estrangeiros como a França. Os ex-combatentes da Libéria e da Serra Leoa também se juntaram às forças na Costa do Marfim, o que fez com que o conflito se prolongasse por muito tempo.

O conflito na Costa do Marfim é também atribuído à situação de insegurança geral em muitos países da região da África Ocidental, por exemplo, na Libéria e na Serra Leoa. A maioria dos Estados da África Ocidental viveu conflitos que se propagaram.

Além disso, a xenofobia foi apontada como outra causa da crise. Os inquiridos indicaram que a xenofobia tem a sua origem no regime do Presidente Houphouet Boigny. Os costa-marfinenses recusavam as terras agrícolas aos estrangeiros e as que tinham eram confiscadas pelos indígenas. Os estrangeiros eram malianos e burquinenses, que constituíam a maioria das pessoas nos sectores agrícolas. Além disso, os inquiridos deixaram claro que os meios de comunicação social estavam a promover tendências xenófobas devido à forma como comentavam a situação. A certa altura, a violência virou-se contra os estrangeiros africanos no país. A prosperidade da Costa do Marfim tinha atraído muitos cidadãos africanos, especialmente da África Ocidental. Em 1998, estes constituíam 26% da população total, 56% dos quais eram burkinabes.

O sucessor de Houphouet-Boigny, Bedie, lançou as sementes da discórdia étnica em 1995, quando introduziu o conceito de 'Ivoirite', ou 'marfinense'. Este conceito foi utilizado para negar a cidadania marfinense ao seu principal rival político Ouattara, excluindo-o assim de concorrer às eleições realizadas nesse ano (comunicação pessoal com o Sr. Jonathan de Bouake a 27 de novembro de 2011). Bedie insistiu que Ouattara, um muçulmano do norte do país, era de facto do Burkina Faso (Human Right Watch, 2002).

A discriminação étnica e o incitamento dos meios de comunicação social são factores que contribuíram em 14% para a causa do conflito. A maioria dos incitamentos foi feita através dos meios de comunicação social. É comum que os meios de comunicação social tenham sido reconhecidos pelos inquiridos como um catalisador em muitos conflitos intra e inter-estatais que afectaram o continente africano. Na situação de conflito da Costa do Marfim, os meios de comunicação social foram utilizados para alimentar tendências xenófobas e mensagens de ódio contra as forças de manutenção da paz e as forças francesas no país. Isto fez com que a comunidade internacional temesse uma catástrofe nacional como a que se abateu sobre o Ruanda durante o genocídio de 1994. Isto aconteceu quando os meios de comunicação social, especialmente a televisão e as estações de rádio, foram utilizados para fomentar o ódio e a suspeita e aceleraram o genocídio que resultou na morte de muitos indivíduos locais e estrangeiros no Ruanda (Zartman, 2005: 36).

Um analista de conflitos em Pretória recordou que, no início de 2006, os meios de comunicação social foram amplamente utilizados para apelar aos costa-marfinenses para se armarem e atacarem o pessoal e as instalações da ONU, juntamente com as forças francesas de Licorne. Segundo esta análise, o que despoletou os ataques através dos media foi uma recomendação feita pelo Grupo de Trabalho Internacional (IWG) apoiado pela ONU na Costa do Marfim. A recomendação era que o mandato do parlamento da Costa do Marfim, que tinha expirado, não deveria ser prorrogado. Os manifestantes e os seus apoiantes políticos consideraram a proposta do GTI como uma provocação.

Além disso, 14% dos inquiridos atribuíram a causa do conflito a factores sociais, tais como problemas étnicos e religiosos. Os grupos étnicos da Costa do Marfim são constituídos pelas tribos locais e pelos imigrantes dos países vizinhos. Através das interações do investigador com as pessoas de ambas as regiões, verificou-se que as tribos do norte indicavam que as tribos do sul, como Baoule e Bête, estavam a governar o país em seu proveito, o que provocou as queixas e o ódio. A situação foi agravada pela tendência sectária dos regimes. Um dos inquiridos disse que os nortenhos eram tratados como estrangeiros no seu próprio país pelos sulistas. São marginalizados e discriminados, sendo-lhes negados passaportes e até documentos de identidade nacionais, apesar de serem cidadãos.

O país também tem imigrantes que trabalham nas plantações de café e cacau durante o regime de Houphouet Boigny. Estes imigrantes têm estado a competir com a população local por recursos como a terra. (Comunicação pessoal com a Sra. Lydia de Kofikrom a 4 de novembro de 2011), disse que foi a desigualdade tribal das comunidades da Costa do Marfim e a competição entre a população local e os imigrantes pelos recursos que deram origem a confrontos tribais que deixaram centenas de mortos, especialmente na região ocidental de Douakoue.

Além disso, 21% dos inquiridos atribuíram a crise à luta pelo poder. Indicaram que, durante o regime do Presidente Félix Houphouet Boigny, ninguém era autorizado a criar um partido político no país. Desde a liberalização do ambiente político em 1990, a luta pelo poder político impregnou o ambiente político da Costa do Marfim. Segundo

Ostby (2004), a repressão dos membros dos partidos da oposição, juntamente com as prisões e detenções efectuadas pelo regime, contribuíram para a crise.

Além disso, a Costa do Marfim é abençoada com muitos recursos naturais, como o petróleo, o cacau, o diamante, o marfim, a madeira e o óleo de palma. Estes recursos fizeram com que os líderes do país se interessassem pela liderança política (Comunicação pessoal com a Irmã Margaret, cidadã da Costa do Marfim, atualmente residente em Mthatha Dioses, 11 de outubro de 2011). Outra evidência foi a ganância dos líderes pelos recursos. Também 18% dos inquiridos atribuíram a causa da crise aos recursos naturais. O DFID (2002) referiu que os recursos políticos e económicos eram as principais causas de conflitos, em que um grupo os utilizava em detrimento do outro (Francis, 2006; Campbell, 2010). Por conseguinte, as desigualdades económicas motivaram os nortenhos a pegar em armas contra o Governo.

O conflito de 2002-2009 deu origem a muitas ramificações. Estas foram desde a violação dos direitos humanos, destruição de infra-estruturas, vandalismo e pilhagem de instalações da ONU e deslocações internas e externas. As respostas dos inquiridos aos itens do questionário são discutidas a seguir.

Item 4 do questionário: Neste item, o investigador pediu aos inquiridos que respondessem à afirmação: Quais são as ramificações do conflito na Costa do Marfim? As respostas recebidas foram representadas graficamente na figura 6.

Figura 6: Ramificação do conflito na Costa do Marfim

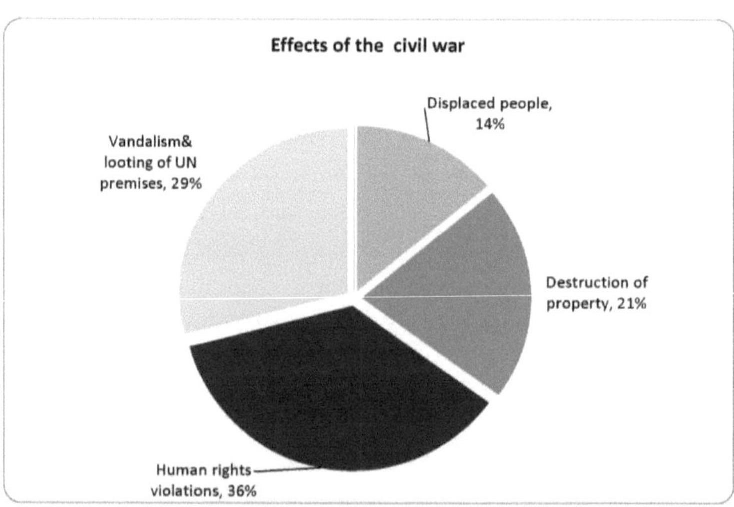

Interpretação: A figura 6 mostra as ramificações do conflito de 2002-2009 na Costa do Marfim. Na figura 6, 36% dos inquiridos expressaram que as manifestações de rua e a violência eleitoral causaram a morte de muitas pessoas e a destruição de bens em várias ocasiões. Os inquiridos lamentaram que a situação volátil tenha trazido dificuldades indescritíveis a várias pessoas (comunicação pessoal com o Sr. Kakraba, do Gana, em 13 de outubro de 2011). Outras pessoas foram presas e detidas durante muito tempo sem julgamento, desapareceram completamente e 14% disseram que muitas pessoas foram deslocadas das suas casas. Esta situação não só provocou a perda de pessoas e bens, como também traumatizou a população da zona de conflito.

Um total de 21% dos inquiridos expressou, durante a entrevista, que o conflito destruiu infra-estruturas como edifícios escolares, estradas e algumas das indústrias de cacau e instituições governamentais. As conclusões do Instituto de Estudos de Segurança da África do Sul (2005) indicaram que a população vivia numa situação de pobreza abjecta e que a maior parte dos serviços sociais, como a saúde, a educação e a manutenção das estradas, tinham entrado em colapso total na região norte do país.

A situação de pobreza agravou e afectou negativamente a população que aderiu ao conflito. Esta situação era comum entre os jovens que procuravam melhores formas de sobrevivência, ou melhor ainda, esperavam ser melhores e libertados como os rebeldes que viam a vagucar na região norte do país.

Além disso, 29% dos inquiridos mencionaram que várias instalações da ONU e residências de membros do pessoal da ONU na região controlada pelo Governo, no sul, foram atacadas, vandalizadas e saqueadas por um grupo chamado Jovens Patriotas, que eram grupos de milícias apoiados pelo Governo e alguns outros elementos da segurança. Os locais mais afectados foram a cidade de Abidjan, a cidade de Daloa, San Pedro e a cidade de Guiglo, no oeste, que foram alvo de ataques simultâneos na manhã de 16 de janeiro de 2006. Um dos inquiridos afirmou que, no dia seguinte, 17 de janeiro de 2006, os manifestantes tentaram invadir uma estação de rádio em Daloa, mas não tiveram êxito, embora tenham conseguido vandalizar e saquear parte da estação.

Embora o pessoal da ONU tenha sido evacuado, as negociações com os líderes dos manifestantes e o apelo que lhes foi dirigido pelos seus líderes, como Ble Goude e o próprio Presidente Gbagbo, levaram ao fim das manifestações e dos ataques, que poderiam ter-se transformado numa catástrofe. A experiência do investigador mostra que os meios de comunicação social são um meio vital de divulgação de informação e que podem ser utilizados de forma eficaz e rápida para mobilizar a população contra uma causa, seja ela positiva ou negativa.

Um total de 14% dos inquiridos indicou que um certo número de pessoas foram deslocadas interna e externamente. Muitas pessoas encontravam-se em campos de refugiados internos e externos nos países vizinhos como o Gana, a Nigéria, a Libéria, o Senegal e a Guiné. De acordo com a Human Rights Watch (2002), dos 16 milhões de habitantes da Costa do Marfim, 2 915 000 foram deslocados para o exterior e 400 000 morreram.

Além disso, como pergunta de seguimento, o investigador perguntou aos inquiridos quais os benefícios que o país poderia obter após o conflito? Os inquiridos indicaram que haverá uma verdadeira democracia e que ninguém será discriminado no país por ser estrangeiro (comunicação pessoal com o Sr. Mombo de Bouake a 20 de novembro de 2011). Madame Gifty, uma comerciante em Abidjan, disse que "toda a violência vai acabar". O conflito não é uma coisa má em si mesmo, dependendo da posição de cada um na escala política. Enquanto os cidadãos comuns da Costa do Marfim se lamentam sob o efeito excruciante da atual crise, esta tornou-se um meio de acumulação para outros. Os recursos naturais foram explorados para financiar e sustentar a guerra na Costa do Marfim. Tanto o governo como os rebeldes foram culpados de explorar a guerra em seu benefício. Recursos como o cacau, o café e o diamante foram os mais explorados em benefício tanto do Governo como dos rebeldes (Comunicação pessoal com o Sr. Bouriama de Abidjan a 25 de novembro de 2011).

4.3.   RESUMO DO CAPÍTULO

Neste capítulo, foram apresentadas a análise e a interpretação dos dados primários. Começou por apresentar os pontos de vista dos participantes sobre as questões relacionadas com o início do conflito. Os participantes responderam às perguntas de investigação. As informações obtidas a partir das entrevistas semi-estruturadas foram complementadas por dados obtidos a partir da análise de documentos. Foi identificado que os factores que contribuíram para a crise na Costa do Marfim foram a má governação, a discriminação étnica, a luta pelo poder entre os vários rivais políticos, a luta pelos recursos naturais, o incitamento dos meios de comunicação social, a xenofobia e as forças externas. O investigador constatou que a guerra na Costa do Marfim trouxe sofrimentos indescritíveis à população: assassínios em massa, violações, torturas, doenças, pobreza, ilegalidade, violações dos direitos humanos, deslocações internas e externas e recrutamento de crianças-soldados.

CAPÍTULO 5

LISTA DE RESULTADOS DA INVESTIGAÇÃO, RECOMENDAÇÕES E CONCLUSÕES

5.1 INTRODUÇÃO

Este capítulo apresenta as principais conclusões e recomendações da investigação. As conclusões reveladas nos dados primários e secundários recolhidos foram enumeradas e foram apresentadas recomendações para ajudar a resolver conflitos futuros e para evitar que surjam conflitos futuros. Por fim, foram tiradas conclusões.

5.2 PRINCIPAIS RESULTADOS DA INVESTIGAÇÃO

Os principais resultados da investigação foram os seguintes.

- O país era politicamente estável durante o reinado do primeiro Presidente Félix Houphouet Boigny.

- A morte do Presidente Félix Houphouet Boigny deu origem a uma luta política entre os dirigentes políticos.

- A luta política entre os líderes políticos conduziu a uma série de violências políticas, golpes de Estado e, finalmente, a um conflito político que eclodiu em 2002.

- Uma das principais causas do conflito deveu-se à luta pelo poder.

- Outra foi a desqualificação de Ouattara, líder da RDR, da corrida presidencial.

- A distribuição desigual dos recursos naturais do país foi outro fator que contribuiu para a eclosão do conflito. Isto é corroborado pela evidência de uma conversa pessoal com o Sr. Osmanu, um residente de Abidjan, a 30 de novembro de 2011, que afirmou enfaticamente que: *"estes líderes querem ganhar poder para poderem controlar os recursos naturais para si próprios e para os seus seguidores"*.

- A discriminação étnica também contribuiu para a eclosão do conflito. Os nortenhos eram descriminados em todas as actividades com base na noção de que eram estrangeiros.

- A má governação foi outro fator que contribuiu para a eclosão do conflito. Os funcionários do governo favoreciam os seus crónicos, sendo corruptos na utilização dos recursos do Estado e não se sujeitando ao Estado de direito. Esta situação levou muitos cidadãos a sofrerem uma pobreza abjecta.

- Factores externos, como a interferência dos senhores coloniais (França) nos assuntos do país, conduziram a divisões no país, promovendo a proliferação de armas ligeiras.

- Os meios de comunicação social foram acusados de incitar elementos xenófobos entre a população.

- As ramificações incluíram, entre outros, assassinatos em massa de pessoas inocentes apanhadas no fogo cruzado, pilhagem de bens, fome e traumatização e a violação dos direitos humanos.

5.3 RECOMENDAÇÕES

Com uma análise cuidadosa das conclusões reveladas pelos dados primários e secundários, são feitas as seguintes recomendações para resolver o conflito e evitar que se repita no futuro.

- O governo da Costa do Marfim deve instituir, em todas as instituições de ensino, desde o primário até ao ensino superior, uma formação dos jovens em princípios democráticos, incluindo o envolvimento em actividades educativas, iniciativas de desenvolvimento comunitário, formação profissional e programas de desenvolvimento da liderança, a fim de lhes permitir tornarem-se bons futuros cidadãos democráticos.

- O Governo deve criar estruturas de prevenção de conflitos que incluam todas as tribos para efeitos de prevenção e gestão de conflitos no futuro.

- O governo deve assegurar que os problemas da reforma agrária sejam resolvidos através de um procedimento adequado de restituição e redistribuição de terras.

- O Governo deve também aumentar a representação das mulheres em posições de liderança nas estruturas governamentais para reforçar a equidade e o empoderamento das mulheres. Porque são elas as mais afectadas em situações de conflito ou de crise.

- Muitas mulheres deveriam ser alistadas nas forças armadas, o que serviria de intervenção direta contra qualquer grupo que planeasse causar confusão no país, uma vez que as mulheres são sempre pessoas pacíficas no mundo.

- Todos os cidadãos devem ter a oportunidade de contribuir para a construção da nação em termos de distribuição de cargos de responsabilidade no governo e no serviço público em geral, sem exclusão de lideranças étnicas.

- Deveria haver uma alteração constitucional para dar um tratamento justo a todos os cidadãos.

- A Comissão Eleitoral deve ser mandatada por disposições da Constituição da Costa do Marfim para não ser coagida pelo Governo durante e após as eleições nacionais e para levar a cabo todos os processos eleitorais, incluindo a declaração dos resultados finais, sem medo ou favor

- Os cerca de quarenta e cinco mil rebeldes devem ser desarmados e integrados no exército nacional.

- O Governo deveria criar programas de desenvolvimento, com a ajuda de agências de desenvolvimento não governamentais e internacionais, para ajudar a proporcionar formação em competências às massas, que são maioritariamente jovens, para que possam ser facilmente empregadas ou trabalhar por conta própria.

- O Governo deve envidar esforços para reforçar as boas relações entre os diferentes grupos étnicos e ajudá-los a adaptarem-se aos novos desafios do país.

- O Governo deve organizar uma Comissão de Verdade e Reconciliação do tipo sul-africano para rever os horrores do passado, a fim de sarar as feridas e evitar a ocorrência futura do conflito. É durante esta sessão que deve ser abordado o federalismo face à diversidade étnica.

- O Governo deveria criar oportunidades de emprego e outras actividades geradoras de rendimentos para os marfinenses.

- Os quarenta e cinco mil rebeldes devem ser dotados de competências especiais para poderem viver entre as comunidades da Costa do Marfim. Isto ajudará a evitar que cometam actos de atrocidade contra o seu povo.

- A CEDEAO deve prosseguir os seus esforços no sentido de não reconhecer nenhum presidente militar como seu membro. Esta ação ajudará a eliminar a tomada de poder militar sobre os governos na sub-região.

- Em caso de divisões de carácter étnico ou político, deve ser incentivado um governo de unidade nacional, de modo a que todas as facções estejam representadas no órgão dirigente.

- As Nações Unidas deveriam incluir uma cláusula na sua documentação para impedir os senhores coloniais de interferirem nos assuntos políticos e económicos do país.

- A UA deve assumir um papel mais decisivo no processo de paz e, se possível, adotar uma abordagem de confronto para impedir que as facções em guerra mergulhem um país no caos.

- Apesar dos recursos limitados da UA, esta deveria esforçar-se por aumentar a sua presença na Costa do Marfim em termos de forças de manutenção da paz e de pessoal administrativo.

  - A UA deve solicitar ao Conselho de Segurança das Nações Unidas a aplicação de sanções específicas contra as pessoas que, na Costa do Marfim, constituem uma ameaça para o processo de paz e de reconciliação nacional, tal como especificado na Resolução 1572 do Conselho de Segurança.

  - A ONU deve aplicar sanções específicas, tal como especificado na Resolução 1572, e deve aumentar as suas tropas e uma unidade de reação rápida que possa substituir eficazmente as tropas francesas que partem.

  - A ONU na Costa do Marfim deve desempenhar um papel construtivo na organização e realização de eleições, na organização e realização do desarmamento, desmobilização e desintegração das facções beligerantes em colaboração com a UA.

  - A ONU deve organizar um inquérito sobre as alegações de graves violações dos direitos humanos e do direito internacional humanitário na Costa do Marfim.

5.4. CONCLUSÃO

Os investigadores revelaram as causas e as ramificações do conflito na Costa do Marfim de 2002 a 2009. Muitas organizações, tanto internacionais como locais, desempenharam o seu papel na resolução do conflito. Foram feitos muitos acordos e convénios para resolver a crise. As recomendações são feitas como panaceia para resolver o problema da Costa do Marfim, no entanto, os próprios marfinenses devem ser os primeiros a enterrar as suas diferenças e a pôr fim ao conflito. Qualquer iniciativa das autoridades competentes deve ter em conta que a Costa do Marfim é um país onde vivem tanto os marfinenses como os estrangeiros e que estes estão ligados pelo sangue através de casamentos que os tornam cidadãos. Vários países vizinhos, como o Gana e a Libéria, partilham o complexo tecido étnico da Costa do Marfim. As pessoas identificam-se mais por linhas étnicas do que por afiliação nacional, mas isto não deve ser considerado como um fator de divisão, antes deve ser considerado como um fator de união para cimentar os laços entre as várias tribos e grupos étnicos.

REFERÊNCIAS

Adebayo, A., 2004. *Construir a paz na África Ocidental, Libéria, Serra Leoa, Guiné-Bissau*

E Costa do Marfim: Boulder e Londres. Lynne Rienner.

Agherdien, N., 2007. *Uma revisão do quadro teórico da investigação em tecnologias de informação e comunicação na principal universidade da África do Sul.* Grau de mestre. Universidade de Joanesburgo.

Alfred, N. & Paul T. Z., 2008. *The root of African conflicts.* Pretória: Unisa press.

Babbie, E., 2001. *The practice of social research.* Londres: Wadsworth.

Babbie, E., & Mouton, J., 2001. *A prática da investigação social.* Cidade do Cabo: University press.

Balint-Kurti, D., 2005. *A história amarga do cacau: Uma rixa violenta opõe tribos indígenas e novos colonos pelo direito à terra na Costa do Marfim.* Newsday, 4 de dezembro.

Benony, k., & Daniel, k., 2000. *Elementos de análise estatística.* Accra: City press.

Bless, C., & Higso-smith, C., 2000. *Métodos de investigação social,* uma perspetiva africana Lusaka: Juta Education press.

Boaduo, N.A.P., 2006. *Escolha metodológica e aplicação num estudo de investigação: Um quadro para os profissionais.* Publicado em Lonaka: Boletim do Centro de Desenvolvimento Académico: Universidade do Botsuana, pp. 38-50, outubro de 2006.

Boaduo, N.A.P., 2010. *Métodos de investigação para o estudo das comunidades virtuais. In B.K. Daniel (Ed) A Handbook of Research on Methods and Techniques for Studying Virtual Communities.* Paradigmas e Fenómenos: IGI Publishers: Canadá

Boaduo, N.A.P., 2011. *Princípios práticos de investigação educacional para professores em exercício.* Publicação académica Lambert. Alemanha: Alemanha.

Brown, M., 1996. *The international dimension of internal conflict Cambridge MA:* MIT press.

Bryman A., 2001. *Social research methods.* Oxford: Oxford University Press.

Campbell, H., 2010. Reclaiming Ivory Coast: the exhaustion of the patriarchal model of liberation [Recuperando a Costa do Marfim: o esgotamento do modelo patriarcal de libertação]. NJ: Africa World press.

Collier, P., 2004. *Greed and grievances in civil war.* Oxford Economic Paper 56 (4).

Collier, P., Hoeffler, A., & Sambanis, N., 2004. *The Collier- Hoeffler model of civil war Onset and the case study project research design, em Paul Collier e Nicholas Sambanis eds.* Understanding civil wars. Washington, DC: Banco Mundial, pp. 1-35.

Collier, P., & Anke, H., 1998. On economic causes of civil war: Oxford Economic Paper 50, pp. 563-73.

Collier, P., & Hoeffler, A., 1998. On economic causes of civil war. Oxford: Oxford University Press.

Collier, P., 1998. *The political economy of ethnicity,* série de documentos de trabalho, centre for the study of African economies: Oxford. Pp.98-8

Creswell, J.,W., 2003. *Research design: quaiitative, qualitative, and mixed methods approaches.* Londres: Sage.

Daniel, W., 2003 *"The responsibility to protect and irresponsible, cynical engagement",* millennium: Journal of International Studies, 32(11) fevereiro de 2003, pp. 109121.

Denzin, N., & Lincoln, Y., 2003. *"The Discipline and Practice of Qualitative Research"* in Denzin, N. and Lincoln, Y. (eds.) Collecting and Interpreting Qualitative Material, 2nd ed, SAGE Publications, Inc., California, pp. 1-45.

Flick, U., 2007. *Doing conversation and discourse and document analysis.* Londres: Sage

Dorina, A., 2007. *Instituto da Paz dos Estados Unidos.* Washington DC.

Francis, D. J., 2006. *Unir África: construir um sistema regional de paz e segurança.* Reino Unido: Ashgate Publishing Limited

Gajendra, K.V., & Kanka, M., 1999. Researching Education perspective and techniques. London.

Gray, D.E., 2009. *Doing research in the real world.* Londres: Sage publication

Goor L., Rupesinghe, K., Sciarone, P., 1996. *Between development and destruction: an enquiry into the causes of conflict in post-colonial states :* Califónia, Sage Publication

Gregg, W., 2005. *Definição de conflito: amostra académica.* Wayne State University: Detroit, MI 48201.

Hart, C., 1998. *Fazer uma revisão da literatura: Releasing the social science research imagination.* Londres: Sage

Hening, E., 1995. *Investigação qualitativa em educação: opção suave ou sólida?* South African Journal of Education 15(1), 29-34.

Hegre, H., 2006. *Sensitivity analysis of empirical results on civil war onset, journal of conflict Resolution* 50 (4) 508-535.

Hening, E., 1995. *Investigação qualitativa em educação: opção suave ou sólida? South Africa journal of education* 15(1), 29-34.

Harwani, S. , & Arbat, P., 2011. *Ética na investigação em gestão. Jornal Indiano de Estudos de Comércio e Gestão* 11(II) 2229-5674

Hsieh H., Shannon, S., 2005. *Três abordagens à análise qualitativa de conteúdos Investigação qualitativa em saúde* 15(9) 1277-1288

Holiday, A., 2007. *Doing and writing qualitative research.* 2nd ed. Londres: Sage.

Human Rights Watch, 2002. *The new racism, the political manipulation of ethnicity in Cote dIvoire (O novo racismo, a manipulação política da etnicidade na Costa do Marfim).* Publicação da HRW: 13 (6) (A)

Huntington, S., 1965. *Political development and political decay.* World politics 17,pp. 386 - 430.

Issaka, S., 2006. *Civil wars & coup d'états in West Africa (Guerras civis e golpes de Estado na África Ocidental).* EUA: University Press of America.

Jenet, B., Reynolds, H., & Jason, D., 2008. *political science research methods^* ed. CQ press. Com sage.

Johari. J. C., 2009. *Princípios da Ciência Política Moderna.* 2nd ed. Nova Deli: Steriling Publishers private limited.

Kaldor, *M, 2001. New and old wars: organized violence in a global era.* Cambridge: Cambridge University Press

Kaldor, M., 2004. *New & Old Wars, Organized Violent in a Global Era.* Stanford: Stanford University Press.

Kimmel, A. J., 2007., 2nd ed. *Ethical issues in behavioural research, basic and applied perspectives [Questões éticas na investigação comportamental, perspectivas básicas e aplicadas].* Bromsgrove: Blackwell Publishing Ltd.

Kirwin, M., 2006. *The security dilemma and conflict in Cote d'Ivoire (O dilema da segurança e o conflito na Costa do Marfim).* Revista Nórdica de Estudos Africanos 15 (1) pp. 42-52

Kumar, R., 1996. *Doing social science research.* Londres: Sage publication.

Kurti, D., 2005. *A história amarga do cacau: Uma disputa violenta opõe tribos indígenas e novos colonos pelo direito à terra na Costa do Marfim.* Newsday, 4 de dezembro.

Langer, A., 2005. *Horizontal inequalities and violence conflict: the case of Cote d'ivoire Crisis working paper.* Oxford development studies 33 (1).

Langer, A., 2005. *Horizontal inequalities and violence conflict: the case of Cote d'Ivoire, centrhnicity for research on inequality. Human security and ethnicity working paper* 13.

Leedy, p., 1997. *Practical research planning and design. &^{h} ed.* New Jersey: PrenticeHall.

Maree, K., 2007. *First steps in research, impresso e encadernado.* África do Sul: paarl print.

Mcdonald, R., 1997. *O problema de Chipre.* Londres: Brassey's para o Instituto Internacional de Estudos Estratégicos.

McMillan, J., & Schumacher, S., 2001. *Quantitative research designs and methods, in Research in Education. Uma introdução concetual.* 5th ed: Nova Iorque: Addison Wesly e Longman Inco

Merriam, S.B., 2001. *Research design & methodology.* São Francisco: Jossey-bass publisher.

Miles, M & Huberman, A., 1994. *Quaiitative data analysis: an expanded source book.* Newbury Park, C.A. Sage publication.

O'Neil, M., 1998. *Re-imaginar a Bélgica: o novo feeralismo e a gestão política da diversidade cultural.* Assuntos Parlamentares 51(2) pp.241-58.

Ostby, G., 2004. Horizontal inequalities and civil conflict (Desigualdades horizontais e conflito civil). Tese de doutoramento 2010; Departamento de Ciência Política, Universidade de Oslo.

Patton, M., 2002. *Quaiitative research and evaluation methods.* Thousand Oaks, C.A. Sage Publication.

Punch, K., 2000. *Developing effective research proposal.* Londres: Sage

Randolph, J., 2009. *Practical assessment, research and evaluation: a guide to writing Dissertation review.* Uma revista eletrónica de revisão por pares (14) 1-14.

Reilly, B., & Wainwright, E., 2005. O Pacífico Sul. In: Chesterman, S., Senaratne, p., 1997. *Poiitical violence in sritanka, riot insurrection counter insurgencies, Foreign intervention.* Amesterdão: VU University press

Silverman, D., (Eds.). 2004. *Qualitative research: theory, method and practice (Investigação qualitativa: teoria, método e prática).* Londres: SAGE Publication.

Silverman, D., 2000. *Doing Qualitative Research: A practical hand book.* Londres: SAGE Publication.

Smit, G.J. & Jones, 1978. *Investigação: Guidelines for Planning and Documentation.* Pretória: Southern.

Shanteau, J. & Steward, T., 1992. *Porquê estudar a tomada de decisão por peritos? Some historical pespectives and comments, organisational behaviours and human decision processes,*53(2):95-107. Publicação Sage.

Stoesinger, *J., 2003. Why nations go to war. EUA:* Thomson learning. Smith, A., 2003. *Contributing to the study of peacemaking: A summary of projects Completed by grantees and fellows 1996-2001.* Washington DC (7)

Tongco Ma. D.C.,2007. *Purposive sampling as a tool for informant selection.* Departamento de Botânica, Universidade do Havai.

ACNUR, *2006: Atualização das necessidades de proteção internacional dos requerentes de asilo da Costa do Marfim, Genebra:* Agência das Nações Unidas para os Refugiados.

ACNUR, *2005. Atualização das necessidades de proteção internacional dos requerentes de asilo da Costa do Marfim. Genebra:* Agência das Nações Unidas para os Refugiados.

ACNUR, *2004. Atualização das necessidades de proteção internacional dos requerentes de asilo da Costa do Marfim. Genebra:* Agência das Nações Unidas para os Refugiados.

Watson, J. I989. *História mundial desde 1945. Grã-Bretanha:* British library cataloguing in Dados de publicação.

White, C.J., 2005. *Investigação: Um Guia Prático. Pretória-.* Thuthuko Investment Publishers.

Zhang, Y., & Wildemuth, B.M., 2006. *Quaiitative analysis. Thousand oak California: sage publication.*

Zartman, W.2005. *Prevenção precoce e "precoce-tardia".* In: Chesterman, S. Zartman, W., e Delgado, C., 1984. *The political economy of Cote d'Ivoire.* New York: Praeger.

Internet

Banco Africano, 2008. *Relatórios de desenvolvimento: prevenção e soluções de conflitos e*

Estratégias de construção da paz [em linha] Disponível em:
http://docs.google.com/viewer?a=v&q=cache:1SD2cf0MkWkJ:www.afdb.org/file admin/uploads/afdb/Documents/Publications/African%2520Development%2520 Report%25202008.2009_03_Chapter%2520III.pdf+AfricanBank+2008+(triggers +of+war)&h .... [Acedido em 20 de março de 2011]

Africa Centre for the Constructive Resolution of Dispute, 2003.[online] Disponível em: http://docs.google.com/viewer?a=v&q=cache:1SD2cf0MkWkJ:www.afdb.org/file admin/uploads/afdb/Documents/Publications/African%2520Development%2520 Report%25202008.2009_03_Chapter%2520III.pdf+AfricanBank+2008+(triggers +of+war)&h [Acedido em 20 de abril de 2008]

Amnistia Internacional, 2009. *guerra civil na Costa do Marfim[em* linha] ....http://www.amnesty.org[Acedido em 10   de abril de 2010]

Departamento para o Desenvolvimento Internacional, 2001. *The Causes of Conflict in SubSaharan Africa;* Framework Document, DFID. [em linha] Disponível em: www.gsdrc.org/docs/open/sd29.pdf.................. [Acedido em 29 de maio de 2011]

Doudou, B.2003. O ato de incendiar uma região. [em linha] Disponível em: mhtml: file : // E: \ Cote % 20 d' Ivoire% 20-%20 Ivorian % 20 civil % 20 war % 20-% 20worldpress   [Acedido em 16 de abril de 2007]

Segurança global.2010. *Nota de enquadramento* [em linha]. Disponível em De: http://www.globalsecurity.org/military/war/ivory-coast.htm .... [Acedido em 27 de março de 2010].

Haywood, J, 1982. The 'critical review ' of the literature .[em linha] Disponível em
www.scribd.com/doc/.../37/The-'critical-review'-of-the-literature [Acedido em 10 de
março de 2011].

Lansana, G., & Prosper, A., 2004. *Challenges of peace implementation in Côte d'Ivoire report on an
expert workshop* by KAIPTC and ZIF [online] Disponível em: http:
.... //www.iss.co.za/pubs/
Monographs/No105/1Origins.htm[Acedido em 12
maio 2010]

Stewart, F. 2005. *Horizontal inequalities: a neglected dimension of development, QEH Working
United Nations Mission in Côte d'Ivoire.*
http://www.un.org/Depts/dpko/missions/minuci/index. [em linha] html [Acedido em:
12/4/2011]

APÊNDICE A

CALENDÁRIO DE ENTREVISTAS

1. Quais são as principais causas do conflito político na Costa do Marfim?

2. Quem são as partes envolvidas neste conflito?

3. Que implicações teve o conflito político para o país?

4. Que papel desempenharam as instituições regionais e internacionais no país?

APÊNDICE B

INSTRUÇÕES PARA OS INQUIRIDOS

Todas as informações serão consideradas importantes e nenhum pormenor pessoal de qualquer inquirido será mencionado nos resultados

1. Leia atentamente cada afirmação e responda às perguntas que se seguem

2. Com o devido respeito, sejam honestos quando dão a vossa opinião

CARACTERÍSTICAS DEMOGRÁFICAS

1. Idade. 18-20 ....20-30 ......30-40 .... 50 e mais ....

2. Género. Masculino ....feminino ....outros ....

3. Estado civil. ....solteirocasadoviúva/viúvodeclarado...

4. Língua(s) materna(s) ....

5 . ...Local de   trabalho ....

6. Religião...

7. Quais são, na sua opinião, as causas do conflito na Costa do Marfim?

8. Na sua opinião, acha que as partes envolvidas no conflito são de Ivory

Costa? Sim ....Não...

9. Em caso afirmativo, quem são

10. Que papel desempenhou a CEDEAO no conflito?

11.   O conflito causou alguma destruição na economia?

Sim .... Não ....

12.   Justifique a sua resposta à pergunta 11

13.   O que sugere que possa ser feito para que o conflito não se repita?

14.   houve algum caso relacionado com a xenofobia no conflito?
                  .... SimNão..........

15.   Justifique a sua resposta à pergunta 6.

16.   Na sua opinião, a morte do primeiro presidente Houphouet Boigny teve consequências para o país?

Sim ....Não.........................

17.   Justifique a sua resposta à pergunta 8

18.   Pode dizer-se que os senhores coloniais (França) contribuíram para alimentar o conflito no Marfim?

Costa? Sim ....Não.............................

   19.   Justifique a sua resposta à pergunta 10

   20.   Onde estavam os cidadãos durante o conflito?

21. Podemos atribuir o conflito à religião? Sim .... Não ....

22. Justifique a sua resposta à pergunta 21.

23. Os países vizinhos desempenharam algum papel durante o conflito?

Sim .... Não ....

24. Justifique a sua resposta à pergunta 26.

25. Houve alguma influência estrangeira que tenha conduzido ao conflito?

Sim .... Não ....

26. Justifique a sua resposta à pergunta 28.
TJ. Na sua opinião, qual foi o interesse das partes que as levou a entrar em guerra entre si?

APÊNDICE C 1

Universidade Walter Sisulu

Departamento de Estudos Políticos

Mthatha, 5099.

20/11/2010

O chefe de departamento

Universidade Walter Sisulu

Departamento de Estudos Políticos

Caro inquirido,

<u>PEDIDO DO SEU CONSENTIMENTO PARA PARTICIPAR NESTA INVESTIGAÇÃO</u>

TEMA DE PESQUISA: CAUSAS E RAMIFICAÇÕES DA POLÍTICA

CONFLITO NA COSTA DO MARFIM DE 2000 A 2009.

Escrevo para solicitar a sua sincera participação no meu estudo de investigação que visa descobrir as causas e as ramificações do conflito político na Costa do Marfim.

O estudo destina-se ao cumprimento parcial do mestrado que estou a realizar na Universidade Walter Sisulu. A confidencialidade da sua resposta está assegurada. O seu nome não é obrigatório e as informações que fornecer serão tratadas como confidenciais. A sua identidade não será divulgada a nenhuma autoridade oficial e as informações recolhidas para este estudo permanecerão propriedade exclusiva da Universidade Walter Sisulu.

Se tiver problemas em responder a estas perguntas de investigação, contacte-me.

Célula: 0839592182.

Assinatura do chefe de departamento..

Assinatura do supervisor ....

Assinatura do estudante (investigador)...

MUITO OBRIGADO.

APÊNDICE C 2

FORMULÁRIO DE CONSENTIMENTO INFORMADO

<u>A SER OBRIGADO POR TODOS OS INQUIRIDOS</u>

Título do estudo: **"Causas e ramificações do conflito político na Costa do Marfim de 2000 a 2009"**

Conduzido por **S. Yaro**

Nomes dos Supervisores: **Dr. Nana Adu-Pipim Boaduo FRC e Sra. G.M. Ashu**

Compreendi o objetivo do estudo e a medida em que serei envolvido no mesmo. Aceito reservadamente participar no estudo de forma voluntária.

Compreendo que sou livre de me retirar do estudo em qualquer altura, em qualquer fase e por minha própria vontade. Posso também optar por não responder a quaisquer perguntas que não deseje.

Assinatura:...

Assinado em (Local) ....**em (data)**...

Testemunha:

Nome: ....**Assinatura:**...

Data: ....

APÊNDICE D

Tshwane (Pretoria) Office

Physical:
Block C, Brooklyn Court, Veale Street,
New Muckleneuck, Tshwane (Pretoria)
Postal:
PO Box 1787, Brooklyn Square 0075
Tshwane (Pretoria), South Africa
Tel: +27 12 346 9500/02
Fax: +27 12 460 0998
E-mail: iss@issafrica.org

26 de outubro de 2010

REFERÊNCIA: Yaro Suaka

A quem possa interessar:

O Sr. Yaro está a realizar um projeto de investigação e solicitou uma referência ao Instituto de Estudos de Segurança (ISS). O ISS é uma organização de investigação aplicada cujo principal objetivo é concetualizar, informar e melhorar o debate sobre a segurança humana sustentável em África, a fim de apoiar a formulação de políticas, a implementação e a tomada de decisões a todos os níveis. O ISS trabalha em prol de uma África próspera, estável e pacífica, caracterizada pelo desenvolvimento sustentável, a adesão aos direitos humanos, o Estado de direito, a democracia, a segurança colaborativa e a integração do género.

Realizamos esta visão através de: investigação aplicada, formação e capacitação; trabalho em colaboração com outros; facilitação e apoio à formulação de políticas; monitorização de tendências e implementação de políticas; recolha e divulgação de informação; e trabalho em rede a nível nacional, regional e internacional. O ISS tem escritórios na África do Sul (Pretória e Cidade do Cabo), na África Oriental (Nairobi e Adis Abeba) e na África Ocidental (Dakar).

Isto serve para aconselhar que o Instituto poderia ajudar o Sr. Yaro na sua investigação, colocando à sua disposição os conhecimentos existentes e as redes de investigadores nas áreas dos seus estudos.
Para mais informações, contacte-me através dos números acima indicados.

Com os melhores cumprimentos

David D. Zounmenou (PhD, Wits University), Investigador Sénior
Programa de Análise de Segurança Africana
dzounmenou@issafrica.org

Partidário da Paz
Rue de la Grande Place
B.P 1926, YAMOUSSOUKRO
Costa do Marfim
Tel: +225 20 64 39 37/Fax: +225 20 64 39 37 partisanpaix@rocketmail.com

Monsieur/Madame,

Au nom de l'organisation, " Partisan de la Paix ", **(O P P)** fondée en 2004, à œuvrer pour la paix en Côte D'ivoire, moi Mr. John Konan, directeur de cette organisation, j'autorise Mr. Suaka Yaro à mener ses recherches en Côte D'ivoire avec l'aide de notre organisation. Ele poderá contar com a nossa cooperação no decurso das suas pesquisas. Se tiver perguntas, não hesite em contactar-nos.

Ficamos à vossa disposição;

Recebam, Madame, Monsieur, as minhas saudações distintas.

Monsieur le directeur,

Sr. John Konan

Yamoussoukro, le 24 Janvier 2011

Printed by Books on Demand GmbH, Norderstedt / Germany